하루 10분 천자문 따라쓰기

키즈키즈 교육연구소 지음

미래주니어

차례

[재미있는 천자문 퀴즈]

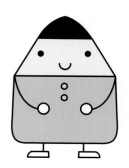

하루에 8자씩
천자문을 따라 써 보세요.
따라 쓴 천자문에는
☑표시하세요~

[재미있는 천자문 퀴즈]

한자 실력과 국어 어휘력을 키워 주는 <하루 10분 천자문 따라쓰기>

한자를 알면 단어와 문장 이해력이 높아집니다.

국어사전을 찾아보면 우리말 70% 이상이 한자어로 되어 있습니다. 교과서에 나오는 단어도 대부분 한자어로 되어 있어서 한자를 알면 단어와 문장의 의미를 쉽고 정확하게 이해할 수 있습니다. 교육부에 따르면 전국 초등학교에서 한자 교육을 실시하고 있는 학교가 90% 이상이라고 합니다. 그만큼 한자 교육의 필요성을 학교에서도 인지하고 전문 교사를 통해 아이들을 교육하기도 합니다.

한자는 다른 문자들과 달리 뜻글자입니다. 한자를 배우면 낯선 단어도 한자의 뜻으로 그 의미를 짐작할 수 있고, 언어로 표현함에 있어서도 효과적입니다.

처음 한자를 배우는 기초서인 천자문(千字文)

천자문은 오래전부터 한자를 처음 배우는 사람들을 위한 교육 서적으로 쓰여 왔습니다. 천자문은 남북조 시대 양나라의 문인이었던 주흥사(470~521년)가 황제인 무제의 명을 받고 지었다고 합니다. 주흥사는 황제의 명으로 하룻밤 만에 1,000자를 이용한 책을 만들어야 했고, 그로 인한 스트레스로 머리가 하얗게 되었다고 해서 천자문을 '백수문(白首文)' 또는 '백두문(白頭文)'이라고 부르기도 합니다. 천자문에는 인간의 도리부터 우주의 이치, 옛 중국 고사 등을 담고 있어서 삶의 지혜와 지식을 배울 수 있습니다.

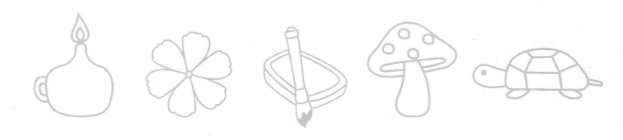

千字文

천자문을 따라 쓰며 한자 실력과 국어 어휘력을 키우세요.

〈하루 10분 천자문 따라쓰기〉는 천자문(千字文)의 125문장을 매일 8자씩 따라 쓸 수 있도록 구성했습니다. 천자문에 수록된 1,000자의 한자는 중복되는 글자가 없습니다. 하루 10분씩 천자문을 따라 쓰다 보면 1,000자의 한자를 쉽게 익힐 수 있습니다. 한자어를 많이 아는 만큼 낱말과 문장의 이해력이 높아져 국어 실력도 키워집니다.

뿐만 아니라 한자를 바르게 따라 쓰다 보면 산만한 마음을 가라앉게 해 주며, 집중력도 함께 길러져 학습에 필요한 기본기를 탄탄하게 다져 줍니다.

꾸준히 따라쓰기를 할 수 있도록 격려해 주세요.

따라쓰기는 처음부터 욕심을 내어 하루에 여러 장을 쓰지 않도록 합니다. 한 번에 많이 쓰는 것보다 매일 꾸준히 쓰는 연습을 하는 것이 천자문을 익히는 데 더욱 효과적입니다. 천자문의 한자와 뜻을 무조건 암기하기보다는 생활 속 예문을 통해 재미있게 익히는 것이 좋은 방법입니다.

'칭찬은 고래도 춤추게 한다.'는 말이 있습니다. 부모의 말 한마디에 아이는 자신감을 가지고 꾸준히 학습할 수 있는 용기를 얻습니다. 작은 변화에도 관심을 가져 주고 아낌없이 칭찬해 주어야 합니다.

01 天地玄黄

하늘 천　　땅 지　　검을 현　　누를 황

하늘은 너무도 멀어 그 빛이 검게 보이고 땅은 흙 색깔 때문에 그 빛이 누렇다.

天 하늘 천

一 二 于 天

天地(천지) : 하늘과 땅.　天性(천성) : 타고난 성품.

天　天　天

부수	大(큰대)
획수	총4획

地 땅 지

一 十 土 坺 坺 地

地球(지구) : 사람이 살고 있는 땅.　地域(지역) : 일정한 땅의 구역.

地　地　地

부수	土(흙토)
획수	총6획

玄 검을 현

亠 亠 宀 玄

玄武巖(현무암) : 화산에서 분출하여 만들어진 검은빛의 화산암.

玄　玄　玄

부수	玄(검을현)
획수	총5획

黃 누를 황

一 十 卝 卝 芊 芦 芦 苦 苗 黃 黃

黃沙(황사) : 노란 빛깔의 모래.　黃金(황금) : 노란빛을 띠는 금속.

黃　黃　黃

부수	黃(누를황)
획수	총12획

宇宙洪荒
집우   집주   넓을 홍   거칠 황

하늘과 땅 사이는 넓고 커서 끝이 없다. 즉 세상의 넓음을 뜻한다.

宇 집 우	` ` ` 宀 宀 宁 宇
	宇宙(우주) : 모든 천체를 포함하는 공간.
	宇　宇　宇
부수　宀(갓머리)	
획수　총6획	

宙 집 주	` ` ` 宀 宀 宀 官 宙 宙
	宇宙船(우주선) : 우주 공간을 항해하기 위한 비행체.
	宙　宙　宙
부수　宀(갓머리)	
획수　총8획	

洪 넓을 홍	` ` ` 氵 氵 汁 泄 泄 洪 洪
	洪水(홍수) : 비가 많이 와서 하천이 넘치거나 땅이 물에 잠긴 상태.
	洪　洪　洪
부수　氵(삼수변)	
획수　총9획	

荒 거칠 황	ー 十 尹 尹 尹 芒 芒 芒 荒 荒
	荒蕪地(황무지) : 거친 땅.　荒廢(황폐) : 거칠어져서 못 쓰게 됨.
	荒　荒　荒
부수　艹(초두머리)	
획수　총10획	

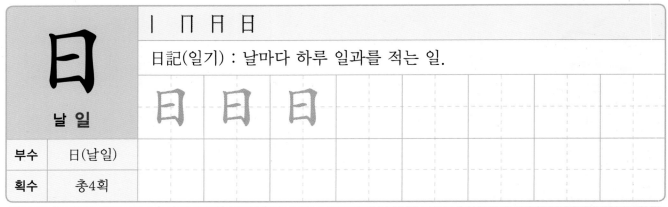

02 日月盈昃

날 일   달 월   찰 영   기울 측

해는 서쪽으로 기울고 달도 차면 점차 기울어진다.

日 날 일	丨 𠃍 日 日
	日記(일기) : 날마다 하루 일과를 적는 일.
	日 日 日
부수 日(날일)	
획수 총4획	

月 달 월	丿 刀 月 月
	個月(개월) : 달수를 나타내는 말. 月光(월광) : 달빛.
	月 月 月
부수 月(달월)	
획수 총4획	

盈 찰 영	丿 乃 𠄎 夃 𥄂 𥄫 𥅀 盈
	盈月(영월) : 둥근 달. 盈滿(영만) : 가득 참.
	盈 盈 盈
부수 皿(그릇명)	
획수 총9획	

昃 기울 측	丨 𠃍 冂 日 日 尺 昃 昃
	日月盈昃(일월영측) : 해는 서쪽으로 기울고 달도 차면 점차 이지러짐.
	昃 昃 昃
부수 日(날일)	
획수 총8획	

辰宿列張

별 진　별자리 수　벌일 렬(열)　베풀 장

별들은 각각 제자리가 있어서 하늘에 넓게 펼쳐져 있다.

辰 별 진	一 厂 厂 戶 厔 辰 辰
	日辰(일진) : 그날의 운세.　辰刻(진각) : 시간 또는 시각을 말함.
	辰　辰　辰

부수	辰(별진)
획수	총7획

宿 별자리 수	' 宀 宀 宀 宀 宀 宿 宿 宿
	二十八宿(이십팔수) : 하늘의 적도를 따라 별들을 28개 구역으로 구분한 이름.
	宿　宿　宿

부수	宀(갓머리)
획수	총11획

列 벌일 렬(열)	一 丆 歹 歹 列 列
	隊列(대열) : 무리를 지어 죽 늘어선 행렬.　序列(서열) : 순서를 말함.
	列　列　列

부수	刂(선칼도방)
획수	총6획

張 베풀 장	一 弓 弓 弓 弤 弤 弡 張 張 張
	主張(주장) : 자기의 의견을 내세움.
	張　張　張

부수	弓(활궁)
획수	총11획

찰 한　올 래　더울 서　갈 왕

추위가 오면 더위가 가는 것처럼 사계절의 바뀜을 말한다.

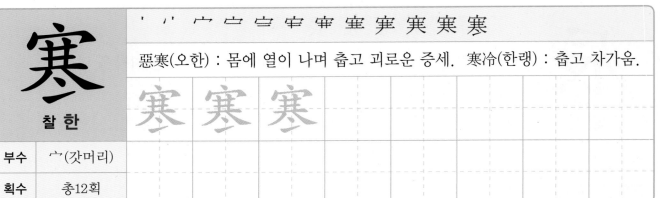

寒	' ' 宀 宀 宀 审 审 審 実 寒 寒 寒
찰 한	惡寒(오한) : 몸에 열이 나며 춥고 괴로운 증세.　寒冷(한랭) : 춥고 차가움.
	寒 寒 寒
부수　宀(갓머리)	
획수　총12획	

來	一 厂 丆 芴 芴 邓 來 來 來
올 래	未來(미래) : 아직 오지 않은 때.　將來(장래) : 앞으로 닥쳐올 때.
	來 來 來
부수　人(사람인)	
획수　총8획	

暑	l 冂 冂 日 旦 早 旱 昗 昃 昮 暑 暑 暑
더울 서	避暑(피서) : 더위를 피해서 시원한 곳으로 옮기는 일.
	暑 暑 暑
부수　日(날일)	
획수　총13획	

往	' ' ' 彳 彳 彳 往 往 往
갈 왕	往來(왕래) : 오고 감을 말함.　往年(왕년) : 지나간 해를 말함.
	往 往 往
부수　彳(두인변)	
획수　총8획	

秋收冬藏

가을 추　거둘 수　겨울 동　감출 장

가을에 곡식을 거두고 겨울이 오면 곡식을 저장한다.

秋 가을 추	ノ ニ 千 千 禾 禾 秋 秋 秋
	秋夕(추석) : 우리나라 명절의 하나로 음력 8월 보름을 말함.
	秋　秋　秋
부수　禾(벼화)	
획수　총9획	

收 거둘 수	㇗ 丩 刂 屮 屮 收
	收益(수익) : 이익을 거두어들임.　吸收(흡수) : 빨아서 거두어들임.
	收　收　收
부수　攵(등글월문)	
획수　총6획	

冬 겨울 동	ク 夂 冬 冬
	冬季(동계) : 겨울철.　冬服(동복) : 겨울철에 입는 옷.
	冬　冬　冬
부수　冫(이수변)	
획수　총5획	

藏 감출 장	一 十 艹 艹 芷 芦 芦 莊 莊 莊 菔 菔 藏 藏 藏
	包藏(포장) : 물건을 겉으로 드러나지 않게 싸거나 꾸림.
	藏　藏　藏
부수　艹(초두머리)	
획수　총18획	

04 閏餘成歲

윤달 윤 남을 여 이룰 성 해 세

절기의 남은 시간을 모아 윤달로 하여 해를 이루었다.

閏	丨 冂 冂 冂 門 門 門 門 閏 閏 閏 閏
윤달 윤	閏年(윤년) : 윤달이나 윤일이 드는 해.
	閏 閏 閏
부수 門(문문)	
획수 총12획	

餘	丿 入 人 今 今 今 食 食 食 食 食 飠 飠 飠 餘 餘
남을 여	餘裕(여유) : 넉넉하고 남음이 있는 상태. 餘暇(여가) : 일이 없어 남는 시간.
	餘 餘 餘
부수 食(밥식변)	
획수 총16획	

成	丿 厂 厂 厅 成 成 成
이룰 성	成功(성공) : 뜻한 바를 이룸. 成長(성장) : 생물이 자라서 점점 커짐.
	成 成 成
부수 戈(창과)	
획수 총7획	

歲	丨 ﹂ ﹂ 歨 广 产 芦 芦 芦 芦 歲 歲 歲
해 세	歲拜(세배) : 섣달그믐이나 정초에 웃어른께 인사로 하는 절.
	歲 歲 歲
부수 止(그칠지)	
획수 총13획	

律呂調陽

법칙 률(율) 음률 려(여) 고를 조 볕 양

천지간의 음과 양을 고르게 하니 률은 양이요 려는 음이다.

律

법칙 률(율)

부수　彳(두인변)

획수　총9획

′ ⁄ 彳 彳 彳 彳 律 律 律

法律(법률) : 국민이 지켜야 할 나라의 규율. 音律(음률) : 소리의 가락.

律 律 律

呂

음률 려(여)

부수　口(입구)

획수　총7획

丨 冂 口 口 呂 呂 呂

律呂(율려) : 국악에서 음악이나 음성의 가락을 이르는 말.

呂 呂 呂

調

고를 조

부수　言(말씀언)

획수　총15획

ˉ ˉ 宀 言 言 言 言 訁 訂 訂 訶 調 調 調 調

調査(조사) : 사물의 내용을 자세히 살펴보는 일.

調 調 調

陽

볕 양

부수　阝(좌부변)

획수　총12획

′ 阝 阝 阝 阡 阳 阳 阳 陽 陽 陽 陽

陽地(양지) : 볕이 바로 드는 곳. 夕陽(석양) : 저녁 나절의 해.

陽 陽 陽

05 雲 騰 致 雨

구름 운   오를 등   이를 치   비 우

수증기가 올라가서 구름이 되고 냉기를 만나면 비가 된다.

雲 **구름 운**	一 厂 厂 戸 币 币 雨 雪 雪 雲 雲 雲
	雲霧(운무) : 구름과 안개. 靑雲(청운) : 푸른 빛깔의 구름.
	雲 雲 雲
부수 雨(비우)	
획수 총12획	

騰 **오를 등**	丿 刀 月 月 片 ﾄ 朕 朕 朕 朕 朕 朕 騰 騰 騰 騰
	急騰(급등) : 물가나 시세가 갑자기 오름. 騰落(등락) : 물가나 시세가 오르고 내림.
	騰 騰 騰
부수 馬(말마)	
획수 총20획	

致 **이를 치**	一 エ エ エ 至 至 至 致 致 致
	景致(경치) : 자연이나 지역의 아름다운 모습. 韻致(운치) : 고상하고 우아한 멋.
	致 致 致
부수 至(이를지)	
획수 총10획	

雨 **비 우**	一 厂 厂 厅 币 币 雨 雨
	雨水(우수) : 빗물. 暴風雨(폭풍우) : 폭풍과 폭우를 말함.
	雨 雨 雨
부수 雨(비우)	
획수 총8획	

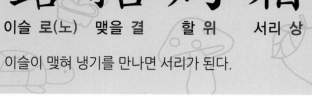

이슬 로(노) 맺을 결 할 위 서리 상

이슬이 맺혀 냉기를 만나면 서리가 된다.

露	一 厂 戸 戸 雨 雨 雨 雨 雨 雫 雫 雫 霋 霋 霦 露 露 露
이슬 로(노)	吐露(토로) : 마음에 있는 것을 모두 드러내어 말함. 綻露(탄로) : 비밀이 드러남.
	露　露　露
부수 雨(비우)	
획수 총21획	

結	' 幺 幺 幺 糸 糸 糸 糺 紂 結 結 結
맺을 결	妥結(타결) : 의견이 대립된 양편에서 서로 협의하여 일을 마무리 함.
	結　結　結
부수 糸(실사)	
획수 총12획	

爲	一 厂 广 广 广 广 严 严 严 爲 爲 爲 爲
할 위	人爲的(인위적) : 사람이 일부러 한 모양이나 성질.
	爲　爲　爲
부수 爪(손톱조)	
획수 총12획	

霜	一 厂 戸 戸 雨 雨 雨 雨 雨 雫 雭 霜 霜 霜 霜 霜 霜
서리 상	風霜(풍상) : 바람과 서리. 霜林(상림) : 서리를 맞아 잎이 시든 숲.
	霜　霜　霜
부수 雨(비우)	
획수 총17획	

06 金生麗水

쇠 금 낳을 생 고울 려(여) 물 수

금은 여수에서 나며 여수는 중국의 강 이름이다.

金 쇠 금

부수	金(쇠금)
획수	총8획

丿 人 亼 今 伞 伞 金 金

稅金(세금) : 조세로 바치는 돈. 賃金(임금) : 노동의 대가로 받는 보수.

金 金 金

生 낳을 생

부수	生(날생)
획수	총5획

丿 𠂉 𠂇 牛 生

生活(생활) : 생계를 유지하여 살아나감. 誕生(탄생) : 사람이 태어남.

生 生 生

麗 고울 려(여)

부수	鹿(사슴록)
획수	총19획

一 𠃌 冂 丽 丽 丽 丽 丽 丽 丽 丽 丽 丽 麗 麗 麗

華麗(화려) : 빛나고 아름다움. 秀麗(수려) : 빼어나게 아름다움.

麗 麗 麗

水 물 수

부수	水(물수)
획수	총4획

亅 刁 水 水

洪水(홍수) : 큰물. 水分(수분) : 축축한 물의 기운인 물기.

水 水 水

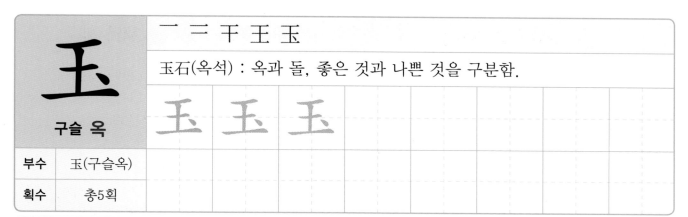

玉 出 崑 岡
구슬 옥   날 출   메 곤   메 강

옥은 곤강에서 나며 곤강은 중국의 산 이름이다.

玉 구슬 옥	一 二 千 王 玉 玉石(옥석) : 옥과 돌, 좋은 것과 나쁜 것을 구분함. 玉 玉 玉
부수	玉(구슬옥)
획수	총5획

出 날 출	丨 屮 屮 出 出 抽出(추출) : 뽑아냄. 創出(창출) : 새로 만듦. 出 出 出
부수	凵(위튼입구몸)
획수	총5획

崑 메 곤	崑曲(곤곡) : 경극보다 앞서 발달한 중국의 전통극. 崑 崑 崑
부수	山(뫼산)
획수	총11획

岡 메 강	丨 冂 冂 冈 冈 岡 岡 岡 丘岡(구강) : 땅이 비탈지고 조금 높은 언덕. 岡巒(강만) : 언덕과 산. 岡 岡 岡
부수	山(뫼산)
획수	총8획

거궐은 칼 이름이며 구야자가 만든 보검으로 조나라의 국보다.

劍 칼 검	ノ 𠆢 𠆢 𠆢 合 合 合 命 命 侖 侖 僉 僉 劍 劍
	短劍(단검) : 짧은 칼. 劍術(검술) : 검을 쓰는 기술.
부수 刂(선칼도방)	劍 劍 劍
획수 총15획	

號 이름 호	丨 冂 口 吕 号 号 号'号 虓 號 號 號 號
	記號(기호) : 어떠한 뜻을 나타내는 표. 國號(국호) : 나라 이름.
부수 虍(범호엄)	號 號 號
획수 총13획	

巨 클 거	一 ㄷ 下 臣 巨
	巨大(거대) : 엄청나게 큼. 巨額(거액) : 아주 많은 액수의 돈.
부수 工(장인공)	巨 巨 巨
획수 총5획	

闕 대궐 궐	丨 冂 冂 冂 門 門 門 門 門 閂 閂 閉 關 關 闕 闕
	宮闕(궁궐) : 임금이 거처하는 집. 入闕(입궐) : 대궐 안으로 들어감.
부수 門(문문)	闕 闕 闕
획수 총18획	

珠 稱 夜 光

구슬 주　일컬을 칭　밤 야　빛 광

구슬의 빛이 낮처럼 밝아 야광이라 칭하였다.

珠	一 ニ キ 王 王 珅 珒 珒 珖 珠
	珠玉(주옥) : 구슬과 옥.　明珠(명주) : 아름다운 빛이 나는 구슬.
구슬 주	珠 珠 珠
부수 　王(구슬옥변)	
획수 　총10획	

稱	一 ニ キ 千 禾 禾 秆 秆 秆 秆 稱 稱 稱 稱
	尊稱(존칭) : 남을 공경하는 뜻으로 높여 부르는 칭호.
일컬을 칭	稱 稱 稱
부수 　禾(벼화)	
획수 　총14획	

夜	一 亠 广 broad 疒 疒 夜 夜 夜
	晝夜(주야) : 낮과 밤.　夜間(야간) : 밤 동안을 뜻함.
밤 야	夜 夜 夜
부수 　夕(저녁석)	
획수 　총8획	

光	丨 丬 丬 半 半 光
	觀光(관광) : 다른 나라 지역의 문화, 풍속 등을 구경함.
빛 광	光 光 光
부수 　儿(어진사람인발)	
획수 　총6획	

果珍李柰

과실 과　보배 진　오얏 리(이)　능금나무 내

과일 중에서 오얏과 능금이 으뜸이다.

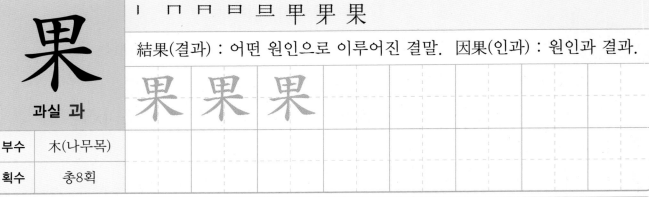

果	l 冂 曰 曰 旦 甲 里 果		
과실 과	結果(결과) : 어떤 원인으로 이루어진 결말.　因果(인과) : 원인과 결과.		
	果	果	果
부수	木(나무목)		
획수	총8획		

珍	｀ ｜ Ｆ Ｆ Ｅ Ｅˊ 珍 珍 珍		
보배 진	珍嘉(진가) : 희귀하고 좋은 것.　珍味(진미) : 음식의 아주 좋은 맛.		
	珍	珍	珍
부수	王(구슬옥변)		
획수	총9획		

李	一 十 才 木 本 李 李		
오얏 리(이)	李樹(이수) : 오얏나무, 자두나무.		
	李	李	李
부수	木(나무목)		
획수	총7획		

柰	一 十 才 木 本 杏 杢 李 柰 柰		
능금나무 내	柰園(내원) : 능금나무 동산.		
	柰	柰	柰
부수	木(나무목)		
획수	총9획		

菜重芥薑

나물 채 무거울 중 겨자 개 생강 강

채소 중에서 겨자와 생강이 가장 중요하다.

菜 나물 채

一 十 才 艹 芇 芎 芣 苹 芝 苹 苹 菜

菜蔬(채소) : 밭에서 기르는 농작물.

菜 菜 菜

부수	艹(초두머리)
획수	총12획

重 무거울 중

一 一 二 千 亓 盲 盲 重 重

愼重(신중) : 아주 조심스러움. 尊重(존중) : 높이고 귀중하게 대함.

重 重 重

부수	里(마을리)
획수	총9획

芥 겨자 개

一 十 才 艹 艻 芡 芥 芥

芥視(개시) : 먼지나 티끌처럼 가볍게 봄. 芥子(개자) : 겨자씨와 갓씨.

芥 芥 芥

부수	艹(초두머리)
획수	총8획

薑 생강 강

一 十 才 艹 芇 芎 芦 芦 菖 菖 菖 菖 菖 菖 薑 薑

生薑(생강) : 향신료로 많이 쓰이는 생강과의 여러해살이풀.

薑 薑 薑

부수	艹(초두머리)
획수	총17획

09 海 鹹 河 淡

바다 해   짤 함   물 하   맑을 담

바닷물은 짜고 민물은 담백하다.

海 바다 해	丶 丶 氵 氵 汇 汇 海 海 海 海
	東海(동해) : 동쪽의 바다. 海洋(해양) : 넓고 큰 바다.
	海 海 海
부수 氵(삼수변)	
획수 총10획	

鹹 짤 함	丨 丨 尙 卣 卤 卤 卤 鹵 鹵 鹵 鹶 鹶 鹶 鹶 鹹 鹹 鹹
	鹹水(함수) : 짠물 혹은 바닷물. 鹹味(함미) : 짠 맛.
	鹹 鹹 鹹
부수 鹵(짠땅로)	
획수 총20획	

河 물 하	丶 丶 氵 氵 沪 沪 河 河
	河川(하천) : 강과 시내를 모두 이르는 말. 山河(산하) : 산과 강.
	河 河 河
부수 氵(삼수변)	
획수 총8획	

淡 맑을 담	丶 丶 氵 氵 沪 沙 沙 洋 浗 浗 淡
	濃淡(농담) : 짙음과 옅음의 정도. 冷淡(냉담) : 태도나 마음씨가 쌀쌀함.
	淡 淡 淡
부수 氵(삼수변)	
획수 총11획	

鱗 潛 羽 翔

비늘 린(인)　잠길 잠　　깃 우　　날 상

비늘 있는 고기는 물속에 잠기고 날개 있는 새는 하늘을 난다.

鱗
비늘 린(인)

ノ ク ク 角 角 角 魚 魚 魚 魚ヽ 鮃 鮃 鮮 鱗 鱗 鱗 鱗 鱗 鱗

魚鱗(어린) : 물고기의 비늘.　銀鱗(은린) : 은빛이 나는 비늘.

鱗　鱗　鱗

부수	魚(물고기어)
획수	총23획

潛
잠길 잠

ヽ ヽ ヽ 氵 氵 沪 沪 浐 浐 浐 浐 潜 潜 潛 潛

潛在力(잠재력) : 겉으로 드러나지 않고 속으로 숨어 있는 힘.

潛　潛　潛

부수	氵(삼수변)
획수	총15획

羽
깃 우

丁 丁 丬 羽 羽 羽

羽翼(우익) : 새의 날개, 보좌하는 일.

羽　羽　羽

부수	羽(깃우)
획수	총6획

翔
날 상

ヽ ヽ ゛ ゛ 羊 羊 翔 翔 翔 翔 翔 翔

飛翔(비상) : 높이 날아오르는 일.　翔空(상공) : 공중을 훨훨 날아다니는 일.

翔　翔　翔

부수	羽(깃우)
획수	총12획

龍師火帝

용 룡(용)　스승 사　불 화　임금 제

복희씨는 용으로 벼슬을 기록하고 신농씨는 불로 벼슬을 기록하였다.

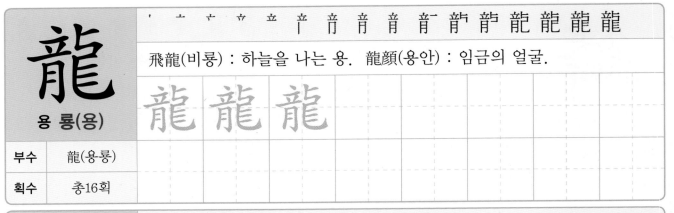

龍
용 룡(용)

부수	龍(용룡)
획수	총16획

` ﾖ ﾖ ﾗ 立 产 音 音 育 育 龍 龍 龍 龍 龍 龍

飛龍(비룡) : 하늘을 나는 용.　龍顔(용안) : 임금의 얼굴.

龍　龍　龍

師
스승 사

부수	巾(수건건)
획수	총10획

´ ｲ ｲ ｲ 户 自 自 自 師 師

教師(교사) : 학생을 가르치는 선생님.　師弟(사제) : 스승과 제자.

師　師　師

火
불 화

부수	火(불화)
획수	총4획

` ` ` 少 火

火災(화재) : 불로 인한 재난.　火力(화력) : 불의 힘.

火　火　火

帝
임금 제

부수	巾(수건건)
획수	총9획

` 一 一 一 产 产 产 帝 帝

帝國(제국) : 황제가 다스리는 나라.　帝位(제위) : 황제나 임금의 자리.

帝　帝　帝

鳥 官 人 皇

새 조　　벼슬 관　　사람 인　　임금 황

소호는 새로 벼슬을 기록하고 황제는 인문을 갖추었으므로 인황이라 하였다.

鳥 새 조	´ ｒ ｒ′ ｆ′ ｆ′ ｆ′ 鳥 鳥 鳥 鳥 鳥
	鳥瞰圖(조감도) : 높은 곳에서 내려다본 상태의 그림이나 지도.
	鳥 鳥 鳥
부수　鳥(새조)	
획수　총11획	

官 벼슬 관	´ ｒ ′ 宀 宀 官 官 官 官
	裁判官(재판관) : 재판 사무를 담당하며 재판권을 행사하는 국가 공무원.
	官 官 官
부수　宀(갓머리)	
획수　총8획	

人 사람 인	ノ 人
	個人(개인) : 한 사람 한 사람.　人權(인권) : 사람으로서의 권리.
	人 人 人
부수　人(사람인)	
획수　총2획	

皇 임금 황	´ ｒ ′ 宀 白 白 皁 皁 皇 皇
	敎皇(교황) : 천주교의 최고위 성직자.　皇宮(황궁) : 황제의 궁궐.
	皇 皇 皇
부수　白(흰백)	
획수　총9획	

11 始制文字

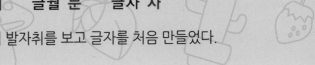

처음 시   지을 제   글월 문   글자 자

복희의 신하 창힐이 새의 발자취를 보고 글자를 처음 만들었다.

始

처음 시

부수	女(계집녀)
획수	총8획

ㄥ ㄥ ㄥ 女 妁 妁 妁 始 始

始作(시작) : 어떤 일이나 행동을 처음으로 함. 始末(시말) : 일의 처음과 끝.

始　始　始

制

지을 제

부수	刂(선칼도방)
획수	총8획

丿 ㅌ ㅌ ㅌ 告 制 制 制

制度(제도) : 관습이나 법률, 도덕 따위의 사회적 법칙.

制　制　制

文

글월 문

부수	文(글월문)
획수	총4획

丶 亠 ナ 文

論文(논문) : 어떤 문제에 대해 연구한 결과를 체계적으로 적은 글.

文　文　文

字

글자 자

부수	子(아들자)
획수	총6획

丶 丷 宀 宀 字 字

字音(자음) : 글자의 음. 漢字(한자) : 중국어를 표기하는 문자.

字　字　字

乃服衣裳

이에 내　　옷 복　　옷 의　　치마 상

황제 때 호조가 처음으로 옷을 만들어 입도록 하였다.

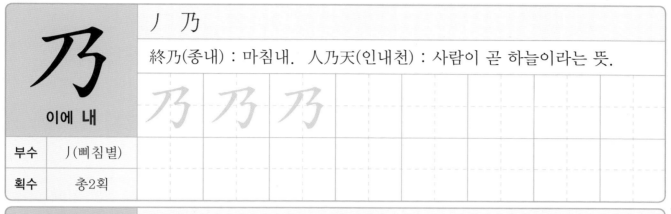

乃	ノ 乃		
	終乃(종내) : 마침내.　人乃天(인내천) : 사람이 곧 하늘이라는 뜻.		
이에 내	乃	乃	乃
부수 ノ(삐침별)			
획수 총2획			

服	ノ 刀 月 月 肝 服 服		
	服從(복종) : 남의 명령을 따라서 좇음.		
옷 복	服	服	服
부수 月(달월)			
획수 총8획			

衣	' 一 ナ 衣 衣 衣		
	衣食住(의식주) : 사람이 사는 데 기본이 되는 옷과 음식과 집.		
옷 의	衣	衣	衣
부수 衣(옷의)			
획수 총6획			

 裳	' ' '' '' '' 学 尚 尚 尚 堂 学 学 学 裳		
	衣裳(의상) : 겉에 입는 옷.　赤裳(적상) : 붉은 치마.		
치마 상	裳	裳	裳
부수 衣(옷의)			
획수 총14획			

12 推位讓國

밀 추　자리 위　사양할 양　나라 국

벼슬을 미루고 나라를 사양하였다.

推	一 十 扌 扌 扩 扩 拃 拃 推 推 推
밀 추	推進(추진) : 밀고 나아감. 推測(추측) : 미루어 생각하여 헤아림.
	推 推 推
부수　扌(재방변)	
획수　총11획	

位	丿 亻 亻 亻 仁 伫 位 位
자리 위	位置(위치) : 자리나 장소. 地位(지위) : 개인이 차지하는 사회적 지위.
	位 位 位
부수　亻(사람인변)	
획수　총7획	

讓	丶 一 亠 言 言 言 言 言 訁 誏 誏 誏 譲 譲 譲 讓 讓
사양할 양	讓步(양보) : 겸손하여 받지 않거나 남에게 양보함.
	讓 讓 讓
부수　言(말씀언)	
획수　총24획	

國	丨 冂 冂 冂 冃 国 国 或 國 國 國
나라 국	國家(국가) : 일정한 영토와 거기에 사는 사람들로 구성된 하나의 통치 조직.
	國 國 國
부수　囗(큰입구몸)	
획수　총11획	

有虞陶唐

있을 유 나라이름 우 질그릇 도 당나라 당

유우씨는 순임금이고 도당씨는 요임금을 말한다.

有	ノ ナ オ 冇 有 有
있을 유	有權者(유권자) : 권리를 가진 자. 所有(소유) : 가지고 있음. 有　有　有
부수 月(달월)	
획수 총6획	

虞	丶 乛 乕 广 庐 庐 虏 虏 虏 虜 虜 虞 虞
나라이름 우	虞犯者(우범자) : 범죄를 저지를 우려가 있는 사람. 虞　虞　虞
부수 虍(범호엄)	
획수 총13획	

陶	乛 了 阝 阝 阽 阽 阾 陶 陶 陶 陶
질그릇 도	陶醉(도취) : 어떤 것에 마음이 쏠려 취하다시피 함. 陶　陶　陶
부수 阝(좌부변)	
획수 총11획	

唐	丶 亠 广 庐 庐 庐 庚 唐 唐 唐
당나라 당	唐突(당돌) : 어려워하는 마음이 없이 올차고 다부짐. 唐　唐　唐
부수 口(입구)	
획수 총10획	

弔民伐罪

조상할 조　백성 민　칠 벌　허물 죄

불쌍한 백성은 돕고 죄지은 백성에게는 벌을 내렸다.

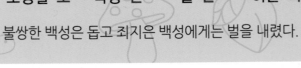

弔 조상할 조	ㄱ ㄱ 弓 弔
	弔意(조의) : 죽은 사람을 슬퍼하고 안타까워하는 마음.
	弔　弔　弔
부수　弓(활궁)	
획수　총4획	

民 백성 민	ㄱ ㄱ 尸 民 民
	庶民(서민) : 관직이 없는 평민.　住民(주민) : 그 땅에 사는 백성.
	民　民　民
부수　氏(각시씨)	
획수　총5획	

伐 칠 벌	ノ 亻 亻 代 伐 伐
	討伐(토벌) : 군대를 보내어 적을 무력으로 응징함.
	伐　伐　伐
부수　亻(사람인변)	
획수　총6획	

罪 허물 죄	ㆍ 冂 冂 罒 罒 罪 罪 罪 罪 罪 罪 罪
	犯罪(범죄) : 죄를 저지름.　謝罪(사죄) : 죄나 잘못에 대하여 용서를 빎.
	罪　罪　罪
부수　罒(그물망머리)	
획수　총13획	

周發殷湯

두루 주　　필 발　　은나라 은　　끓일 탕

주발은 무왕의 이름이고 은탕은 탕왕의 칭호이다.

周

두루 주

丿 刀 刀 冃 用 用 周 周

周圍(주위) : 어떤 곳의 바깥, 둘레.　周知(주지) : 여러 사람이 두루 앎.

周 周 周

| 부수 | 口(입구) |
| 획수 | 총8획 |

發

필 발

⺈ ⺈ ⺈ ⺈ ⺈ ⺈ ⺈ 癶 癶 癶 癶 發

發生(발생) : 어떤 사물이나 현상이 세상에 생겨나는 것.

發 發 發

| 부수 | 癶(필발머리) |
| 획수 | 총12획 |

殷

은나라 은

一 ⺁ 厂 𠂆 𠂆 𠂆 月 肙 肞 殷 殷

殷盛(은성) : 번화하고 성함.

殷 殷 殷

| 부수 | 殳(갖은등글월문) |
| 획수 | 총10획 |

湯

끓일 탕

丶 丶 氵 氵 沪 汩 沪 沪 湂 湯 湯 湯

沐浴湯(목욕탕) : 목욕을 할 수 있게 시설을 해 놓은 곳.

湯 湯 湯

| 부수 | 氵(삼수변) |
| 획수 | 총12획 |

14 坐 朝 問 道

앉을 좌　아침 조　물을 문　길 도

조정에 앉아 나라 다스리는 법을 물었다.

坐 앉을 좌	ノ ヽ ナ ナヽ ナヽ 坐 坐
	坐席(좌석) : 앉을 수 있게 마련된 자리.　坐視(좌시) : 가만히 보고만 있음.
	坐　坐　坐
부수 土(흙토)	
획수 총7획	

朝 아침 조	一 十 十 古 古 古 直 卓 朝 朝 朝 朝
	朝夕(조석) : 아침과 저녁.　朝餐(조찬) : 손님을 초대하여 함께하는 아침식사.
	朝　朝　朝
부수 月(달월)	
획수 총12획	

問 물을 문	丨 冂 冂 冃 門 門 門 門 問 問 問
	訪問(방문) : 다른 사람을 찾아가 봄.　問題(문제) : 해답을 구하려고 낸 물음.
	問　問　問
부수 口(입구)	
획수 총11획	

道 길 도	` ヽ ヽ 丷 丷 产 product 首 首 首 首 道 道
	道理(도리) : 사람이 마땅히 행해야 할 바른 길.
	道　道　道
부수 辶(책받침)	
획수 총13획	

垂拱平章

드리울 수 껴안을 공 평평할 평 글월 장

밝고 평화스럽게 다스리는 길을 겸손히 생각함을 말한다.

垂

ノ 二 三 千 千 垂 垂 垂

垂直(수직) : 똑바로 드리운 모양이나 상태.　垂敎(수교) : 가르침을 주거나 받음.

垂　垂　垂

드리울 수

부수	土(흙토)
획수	총8획

拱

一 十 扌 扌 扐 拱 拱 拱 拱

拱手(공수) : 두 손을 마주 잡아 공경의 뜻을 나타내는 예.

拱　拱　拱

껴안을 공

부수	扌(재방변)
획수	총9획

平

一 丆 丆 平 平

平和(평화) : 평온하고 화목함.　平素(평소) : 평상시.

平　平　平

평평할 평

부수	干(방패간)
획수	총5획

章

丶 立 立 立 产 产 音 音 音 音 章

文章家(문장가) : 글을 뛰어나게 잘 짓는 사람.

章　章　章

글월 장

부수	立(설립)
획수	총11획

15 愛育黎首

사랑 애 기를 육 검을 려(여) 머리 수

임금은 모든 백성을 사랑하고 잘 돌봐야 한다.

愛 사랑 애	一 一 一 一 一 一 一 一 一 愛 愛 愛
	友愛(우애) : 형제 사이의 정. 割愛(할애) : 아깝게 여기지 않고 나누어 줌.
	愛　愛　愛
부수　心(마음심)	
획수　총13획	

育 기를 육	' 一 一 一 一 育 育 育
	敎育(교육) : 지식과 기술을 가르치어 지능을 가지게 하는 일.
	育　育　育
부수　月(육달월)	
획수　총8획	

黎 검을 려(여)	一 二 千 禾 禾 利 利 秒 秒 黎 黎 黎 黎 黎
	黎明(여명) : 희미하게 날이 밝아오는 빛.
	黎　黎　黎
부수　黍(기장서)	
획수　총15획	

首 머리 수	` ＇ ＂ 首 首 产 首 首 首 首
	首都(수도) : 한 나라의 정부가 있는 도시. 首肯(수긍) : 옳다고 인정함.
	首　首　首
부수　首(머리수)	
획수　총9획	

臣 伏 戎 羌

신하 신   엎드릴 복   오랑캐 융   오랑캐 강

愛育黎首 / 臣伏戎羌

덕으로 나라를 다스리면 오랑캐도 신하가 되어 복종한다.

臣 신하 신	一 丁 丆 五 丞 臣
	臣下(신하) : 임금을 섬기어 벼슬을 하는 사람.
부수 臣(신하신) **획수** 총6획	臣 臣 臣

伏 엎드릴 복	ノ 亻 仁 仕 伏 伏
	降伏(항복) : 전쟁이나 싸움 등에서 적에게 굴복함.
부수 亻(사람인변) **획수** 총6획	伏 伏 伏

戎 오랑캐 융	一 二 于 戎 戎 戎
	戎狄(융적) : 오랑캐. 元戎(원융) : 군사의 우두머리.
부수 戈(창과) **획수** 총6획	戎 戎 戎

羌 오랑캐 강	` ⺍ 丷 ⺳ 羊 羊 羌
	羌活(강활) : 미나리과에 딸린 두해, 세해살이풀.
부수 羊(양양) **획수** 총8획	羌 羌 羌

16 遐邇壹體

멀 하　가까울 이　한 일　몸 체

멀고 가까운 나라들이 왕의 덕에 감화되어 일체가 될 수 있다.

遐	｜ 「 F F F' F' F' F' 段 段 段 段 退 遐
멀 하	昇遐(승하) : 임금이 세상을 떠남.　遐年(하년) : 오래 삶.
	遐 遐 遐
부수 辶(책받침)	
획수 총13획	

邇	⌐ ⌐ 广 币 币 币 币 尒 爾 爾 爾 爾 爾 邇 邇 邇
가까울 이	遠邇(원이) : 멀고 가까움.
	邇 邇 邇
부수 辶(책받침)	
획수 총18획	

壹	一 十 吉 声 声 志 声 壹 壴 壴 壹 壹
한 일	壹是(일시) : 모두, 일체.　壹意(일의) : 한 가지에만 뜻을 기울임.
	壹 壹 壹
부수 士(선비사)	
획수 총12획	

體	｜ 冂 冎 冎 丹 丹 骨 骨 骨 骨 骨 骨 骨 體 體 體 體
몸 체	團體(단체) : 공동의 목적을 위해 모인 한두 사람 이상의 집단.
	體 體 體
부수 骨(뼈골)	
획수 총23획	

率 賓 歸 王

거느릴 솔   손님 빈   돌아갈 귀   임금 왕

서로 이끌고 복종하여 왕에게 돌아온다.

率

거느릴 솔

부수	玄(검을현)
획수	총11획

` ㅗ ㅗ 玄 玄 玄 㴇 㴇 㴇 㴇 率

率直(솔직) : 거짓이나 숨김이 없이 바르고 곧음.

率　率　率

賓

손님 빈

부수	貝(조개패)
획수	총14획

` ㅗ 宀 宀 宀 㝰 宭 宲 宲 賓 賓 賓 賓

國賓(국빈) : 나라의 손님으로 우대를 받는 외국인.

賓　賓　賓

歸

돌아갈 귀

부수	止(그칠지)
획수	총18획

` ㅣ ㅓ ㅓ 自 自 自 帛 帛 歸 歸 歸 歸 歸 歸 歸

歸國(귀국) : 외국에서 본국으로 돌아감.   歸家(귀가) : 집으로 돌아감.

歸　歸　歸

王

임금 왕

부수	王(구슬옥변)
획수	총4획

一 二 干 王

王道(왕도) : 임금이 마땅히 행해야 할 일.   國王(국왕) : 나라의 임금.

王　王　王

---

17 鳴鳳在樹

울 명 봉황새 봉 있을 재 나무 수

훌륭한 임금과 성인이 나타나면 덕망이 미치는 곳마다 봉황이 나무 위에서 울 것이다.

鳴 울 명	丨 冂 口 口 口' 叩 吖 咔 咔 嗚 嗚 嗚 嗚 嗚
	悲鳴(비명) : 위급하거나 두려울 때 지르는 외마디 소리.
	鳴 鳴 鳴
부수 鳥(새조)	
획수 총14획	

鳳 봉황새 봉	丿 几 几 几 凡 凡 凤 凤 凰 鳳 鳳 鳳 鳳 鳳
	鳳凰(봉황) : 중국 전설에 나오는 신비로운 상상의 새.
	鳳 鳳 鳳
부수 鳥(새조)	
획수 총14획	

在 있을 재	一 ナ 才 才 在 在
	潛在力(잠재력) : 겉으로 드러나지 않은 숨어 있는 힘.
	在 在 在
부수 土(흙토)	
획수 총6획	

樹 나무 수	一 十 十 十 木 杧 杧 杧 桔 桔 桔 桔 横 横 樹 樹
	樹立(수립) : 계획이나 제도 등을 이룩하여 세움.
	樹 樹 樹
부수 木(나무목)	
획수 총16획	

白駒食場

흰 백　망아지 구　밥 식　마당 장

흰 망아지도 감화되어 즐겁게 마당에서 풀을 뜯어 먹는다.

白

흰 백

'　′　ⅠⅠ　白　白

明白(명백) : 의심할 것 없이 뚜렷하고 환함.　潔白(결백) : 깨끗하고 흼.

白　白　白

부수	白(흰백)
획수	총5획

駒

망아지 구

Ⅰ　Γ　Ｆ　Ｆ　ＦＦ　馬　馬　馬　馬　馬　馬　駒　駒　駒　駒

千里駒(천리구) : 천리마.　駒馬(구마) : 망아지와 말.

駒　駒　駒

부수	馬(말마)
획수	총15획

食

밥 식

丿　人　人　今　今　今　食　食　食

食糧(식량) : 먹을 양식.　飮食(음식) : 사람이 먹을 수 있게 만든 음식물.

食　食　食

부수	食(밥식)
획수	총9획

場

마당 장

一　十　土　圹　圹　圹　圹　坦　坦　場　場　場

工場(공장) : 물건을 만들어 내는 설비를 갖춘 곳.

場　場　場

부수	土(흙토)
획수	총12획

18 化被草木

될 화　입을 피　풀 초　나무 목

덕이 사람이나 짐승에게만 미칠 뿐 아니라 풀과 나무에도 미친다.

化	ノ イ イ 化
될 화	變化(변화) : 사물의 성질이나 모양 등이 바뀜.　惡化(악화) : 나쁘게 됨.
	化 化 化
부수　匕(비수비)	
획수　총4획	

被	' 衤 衤 衤 衤 衤 衤 被 被
입을 피	被害(피해) : 생명이나 신체, 재산 등에 손해를 입음.　被擊(피격) : 습격을 받음.
	被 被 被
부수　衤(옷의변)	
획수　총10획	

草	一 十 十 艹 芢 芢 苩 苩 草 草
풀 초	草木(초목) : 풀과 나무.　草原(초원) : 풀이 난 들.
	草 草 草
부수　艹(초두머리)	
획수　총10획	

木	一 十 才 木
나무 목	木工(목공) : 나무를 다루어 물건을 만들어 내는 일.
	木 木 木
부수　木(나무목)	
획수　총4획	

賴及萬方

힘입을 뢰(뇌) 미칠 급   일만 만   모 방

온 세상의 만물에까지 그 덕이 고르게 미친다.

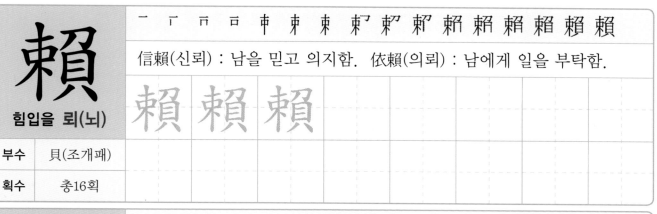

賴

힘입을 뢰(뇌)

一 ナ 丌 FF 市 東 東 束 耖 軟 軟 軟 軟 軟 軟

信賴(신뢰) : 남을 믿고 의지함. 依賴(의뢰) : 남에게 일을 부탁함.

賴	賴	賴			

부수	貝(조개패)
획수	총16획

及

미칠 급

丿 丆 乃 及

普及(보급) : 널리 펴서 많은 사람에게 골고루 미치게 함.

及	及	及			

부수	又(또우)
획수	총4획

萬

일만 만

一 十 艹 萬 艹 芇 芇 苩 芦 莒 萬 萬 萬

萬物(만물) : 세상에 있는 모든 것. 萬福(만복) : 많은 복.

萬	萬	萬			

부수	++(초두머리)
획수	총13획

方

모 방

丶 亠 方 方

方案(방안) : 일을 처리하여 나갈 방법이나 계획.

方	方	方			

부수	方(모방)
획수	총4획

蓋 덮을 개	一 十 卄 艹 芦 芏 莘 莽 莽 菶 葢 葢 蓋 蓋然(개연) : 확실하지는 않지만 그럴 것이라고 생각되는 상태. 蓋 蓋 蓋
부수 ＋＋(초두머리)	
획수 총14획	

此 이 차	丨 卜 ⺊ 止 此 此 此後(차후) : 이다음. 彼此(피차) : 서로. 此 此 此
부수 止(그칠지)	
획수 총6획	

身 몸 신	′ ⺊ 勹 勹 肖 身 身 代身(대신) : 남을 대리함. 身體(신체) : 사람의 몸. 身 身 身
부수 身(몸신)	
획수 총7획	

髮 터럭 발	丨 厂 厂 厂 토 툐 툥 퇈 髟 髟 髟 髣 髣 髮 髮 白髮(백발) : 하얗게 센 머리털. 理髮(이발) : 머리털을 단정하게 깎음. 髮 髮 髮
부수 髟(터럭발)	
획수 총15획	

四大五常

넉 사   큰 대   다섯 오   떳떳할 상

네 가지 큰 것과 다섯 가지 떳떳함이 있으니, 사대는 천지군부요 오상은 인의예지신이다.

四	丨 冂 冂 四 四						
넉 사	四寸(사촌) : 어버이의 친형제자매의 아들이나 딸과의 촌수.						
부수 口(큰입구몸)	四	四	四				
획수 총5획							

大	一 ナ 大						
큰 대	廓大(확대) : 넓혀서 크게 함. 最大(최대) : 가장 큼.						
부수 大(큰대)	大	大	大				
획수 총3획							

五	一 丁 五 五						
다섯 오	五倫(오륜) : 사람이 지켜야 할 다섯 가지 도리.						
부수 二(두이)	五	五	五				
획수 총4획							

常	丨 丷 丷 屵 屵 坣 尚 尚 常 常						
떳떳할 상	恒常(항상) : 언제나, 늘. 異常(이상) : 정상이 아닌 상태나 현상.						
부수 巾(수건건)	常	常	常				
획수 총11획							

20 恭 惟 鞠 養

공손할 공　생각할 유　기를 국　기를 양

부모님이 길러 주신 은혜를 공손히 생각하라.

恭 공손할 공	一 十 卄 芇 共 共 恭 恭 恭 恭
	恭遜(공손) : 공경하고 겸손함.　恭敬(공경) : 공손히 받들어 모심.
	恭　恭　恭
부수　忄(마음심밑)	
획수　총10획	

惟 생각할 유	` ´ ㅏ 忄 忄 忄 忄 忄 忭 忭 惟 惟
	思惟(사유) : 마음으로 생각함.　惟一 (유일) : 오직 하나밖에 없음.
	惟　惟　惟
부수　忄(심방변)	
획수　총11획	

鞠 기를 국	一 卝 卄 芇 昔 昔 昔 革 革 靮 靮 靮 靮 鞠 鞠 鞠
	鞠正(국정) : 문제를 조사하여 바로잡음.
	鞠　鞠　鞠
부수　革(가죽혁)	
획수　총17획	

養 기를 양	` ´ ㅒ 兰 羊 羊 羊 美 羑 羑 羑 养 养 養
	療養(요양) : 휴양하면서 치료하는 것.　養育(양육) : 길러서 자라게 함.
	養　養　養
부수　食(밥식)	
획수　총15획	

豈敢毁傷

어찌 기   감히 감   헐 훼   상할 상

부모님이 낳아 길러 주신 이 몸을 어찌 감히 다치고 상하게 하겠는가.

豈 어찌 기	` 丨 凵 屵 屵 屵 岜 岜 岜 岜 豈`
	豈敢(기감) : 어찌 감히.
부수 豆(콩두)	豈 豈 豈
획수 총10획	

敢 감히 감	` ㄱ ㅋ ㅋ 严 严 严 严 耳 耳 耵 耵 敢`
	敢行(감행) : 어려움을 무릅쓰고 과감하게 행함.
부수 攵(등글월문)	敢 敢 敢
획수 총12획	

毁 헐 훼	` ´ 厂 F 臼 臼 臼 自 自 自 皀 皀 毁 毁 毁`
	毁謗(훼방) : 남을 헐뜯어 비방함. 毁損(훼손) : 체면이나 명예를 손상함.
부수 殳(갖은둥글월문)	毁 毁 毁
획수 총13획	

傷 상할 상	` ノ イ イ 仁 厂 仵 作 作 佢 佢 俘 傷 傷 傷`
	傷處(상처) : 몸을 다쳐서 부상을 입은 곳.
부수 亻(사람인변)	傷 傷 傷
획수 총13획	

21 女慕貞烈

계집 녀(여) 사모할 모 곧을 정 매울 렬

여자는 정조를 굳게 지키고 행실을 단정하게 해야 한다.

女 계집 녀(여)	ㄥ 女 女
	女子(여자) : 여자인 사람. 長女(장녀) : 둘 이상의 딸 가운데 맏이가 되는 딸.
	女 女 女
부수 女(계집녀)	
획수 총3획	

慕 사모할 모	一 十 十 艹 艹 芇 芇 苩 苩 茻 莫 莫 慕 慕 慕
	追慕(추모) : 죽은 사람을 그리며 생각함.
	慕 慕 慕
부수 忄(마음심밑)	
획수 총15획	

貞 곧을 정	ㄱ ㅏ ㅏ 广 占 卢 貞 貞 貞 貞
	貞直(정직) : 마음이 곧고 바름. 忠貞(충정) : 충성스럽고 절개가 곧음.
	貞 貞 貞
부수 貝(조개패)	
획수 총9획	

烈 매울 렬	一 ㄱ 歹 歹 列 列 列 烈 烈 烈
	激烈(격렬) : 말이나 행동이 지극히 맹렬함. 烈風(열풍) : 맹렬하게 부는 바람.
	烈 烈 烈
부수 灬(연화발)	
획수 총10획	

男 效 才 良

사내 남   본받을 효   재주 재   어질 량

남자는 재능을 닦고 어진 것을 본받아야 한다.

男	ㅣ 冂 卩 덕 푸 田 昌 男		
사내 남	男女(남녀) : 남자와 여자. 男便(남편) : 혼인하여 짝을 이룬 여성의 배우자.		
부수 田(밭전)	男	男	男
획수 총7획			

效	ㅣ ㅗ ㅗ 六 쿠 交 交 交 効 效		
본받을 효	效果(효과) : 어떤 행위에 대한 보람이나 좋은 결과.		
부수 攵(등글월문)	效	效	效
획수 총10획			

才	一 十 才		
재주 재	才能(재능) : 재주와 능력. 天才(천재) : 선천적으로 뛰어난 능력을 타고난 사람.		
부수 扌(재방변)	才	才	才
획수 총3획			

良	ㆍ ㄱ ㅋ 글 皀 皀 良		
어질 량	良心(양심) : 사람으로서 가져야 할 바르고 착한 마음.		
부수 艮(괘이름간)	良	良	良
획수 총7획			

22 知過必改

알 지　허물 과　반드시 필　고칠 개

허물을 알면 반드시 고쳐야 한다.

知 알 지	ノ ト ヒ 느 矢 矢 知 知 知		
	感知(감지) : 느끼어 앎. 知性(지성) : 지적 능력을 통틀어 말함.		
	知	知	知
부수 矢(화살시)			
획수 총8획			

過 허물 과	l 冂 冂 冎 冎 冎 咼 咼 咼 ˋ咼 咼 過 過		
	過程(과정) : 일이 되어 가는 경로. 謝過(사과) : 잘못에 대해 용서를 빔.		
	過	過	過
부수 辶(책받침)			
획수 총13획			

必 반드시 필	ˋ ノ 必 必 必		
	必然(필연) : 일의 결과가 반드시 그렇게 될 수밖에 없음.		
	必	必	必
부수 心(마음심)			
획수 총5획			

改 고칠 개	フ コ 己 己 改 改 改		
	改革(개혁) : 제도나 기구 따위를 새롭게 뜯어고침.		
	改	改	改
부수 攵(등글월문)			
획수 총7획			

得 能 莫 忘

얻을 득   능할 능   말 막   잊을 망

사람으로서 알아야 할 것을 배우면 잊지 않아야 한다.

得

얻을 득

| 부수 | 彳(두인변) |
| 획수 | 총11획 |

ノ ノ ク 彳 彳 彳 彳 彳 彳 得 得

說得(설득) : 상대편이 이해할 수 있게 잘 알아듣게 말함.

得 得 得

能

능할 능

| 부수 | 月(육달월) |
| 획수 | 총10획 |

ノ ム 台 台 台 能 能 能

能力(능력) : 일을 감당해낼 수 있는 힘. 可能(가능) : 할 수 있거나 될 수 있음.

能 能 能

莫

말 막

| 부수 | 艹(초두머리) |
| 획수 | 총11획 |

一 十 艹 艹 茁 莫 莫

索莫(삭막) : 쓸쓸하고 막막함. 莫强(막강) : 더할 수 없이 힘이 셈.

莫 莫 莫

忘

잊을 망

| 부수 | 心(마음심) |
| 획수 | 총7획 |

亡 亡 亡 忘 忘 忘

忘却(망각) : 어떤 사실을 잊어버림. 健忘(건망) : 보고 듣는 것을 잊어버림.

忘 忘 忘

罔 談 彼 短

없을 망　　말씀 담　　저 피　　짧을 단

남의 단점을 말하지 말라.

罔	丨 冂 冂 冈 冈 罔 罔 罔
없을 망	罔然(망연) : 마음이 아무 생각이 없이 멍함.
	罔　罔　罔
부수　罒(그물망)	
획수　총8획	

談	一 ニ 亖 言 言 言 言 診 診 診 診 診 談 談
말씀 담	會談(회담) : 어떤 문제에 관해 한자리에 모여 토의함.
	談　談　談
부수　言(말씀언)	
획수　총15획	

彼	ノ ノ 彳 彳 彳 彷 彼 彼
저 피	彼此(피차) : 저것과 이것.　彼地(피지) : 저 땅.
	彼　彼　彼
부수　彳(두인변)	
획수　총8획	

短	ノ ノ 上 チ 矢 矢 矢 知 知 知 短 短
짧을 단	短期(단기) : 짧은 기간.　短點(단점) : 모자라고 부족한 점.
	短　短　短
부수　矢(화살시)	
획수　총12획	

靡恃己長

아닐 미　믿을 시　몸 기　길 장

자신의 장점을 자랑하지 말라.

靡

아닐 미

부수	非(아닐비)
획수	총19획

丶　亠　广　广　广　庐　庐　麻　麻　麻　靡　靡　靡　靡　靡　靡

綺靡(기미) : 화려함.　靡寧(미령) : 어른의 몸이 병으로 인해 편치 못함.

靡　靡　靡

恃

믿을 시

부수	忄(심방변)
획수	총9획

丶　丶　忄　忄　忙　忡　恃　恃

依恃(의시) : 믿고 의지함.　憑恃(빙시) : 남에게 기대어서 의뢰함.

恃　恃　恃

己

몸 기

부수	己(몸기)
획수	총3획

フ　コ　己

利己心(이기심) : 자기 이익만 생각하고 다른 사람을 배려하지 아니함.

己　己　己

長

길 장

부수	長(길장)
획수	총8획

丨　丨　丆　丆　丐　镸　镸　長

會長(회장) : 모임을 대표하는 사람.　長期(장기) : 오랜 기간.

長　長　長

24 信使可覆

믿을 신   하여금 사   옳을 가   되풀이할 복

믿음은 움직일 수 없는 진리이므로 남과의 약속은 꼭 지켜야 한다.

信 믿을 신	ノ イ イ イ 佧 佧 信 信 信
	信賴(신뢰) : 남을 믿고 의지함. 信義(신의) : 믿음과 의리.
	信 信 信
부수 イ(사람인변)	
획수 총9획	

使 하여금 사	ノ イ イ 亻 佧 佢 佢 使 使
	使嗾(사주) : 남을 부추기어 좋지 않을 일을 시킴.
	使 使 使
부수 イ(사람인변)	
획수 총8획	

可 옳을 가	一 厂 厂 叮 叮 可
	可能(가능) : 할 수 있거나 될 수 있음. 可望(가망) : 가능성이 있는 희망.
	可 可 可
부수 口(입구)	
획수 총5획	

覆 되풀이할 복	一 厂 厂 更 更 更 覀 覀 覀 覀 覀 覀 覆 覆 覆 覆
	覆面(복면) : 얼굴을 알아보지 못하게 가리는 헝겊 등의 물건.
	覆 覆 覆
부수 襾(덮을아)	
획수 총18획	

器欲難量

그릇 기　하고자할 욕　어려울 난　헤아릴 량

사람의 기량은 깊고 깊어서 헤아리기 어렵다.

器 그릇 기	丨 冂 冂 吅 吅 吅 吅 吅 哭 哭 哭 哭 器 器 器 器
	武器(무기) : 전쟁이나 싸움에 사용되는 모든 기구.
	器　器　器
부수　口(입구)	
획수　총16획	

欲 하고자할 욕	ノ ハ ハ タ タ 今 谷 谷 谷 谷 欲 欲
	意欲(의욕) : 무엇을 하려고 하는 적극적인 마음.
	欲　欲　欲
부수　欠(하품흠)	
획수　총11획	

難 어려울 난	一 艹 艹 サ 芦 苩 苩 苩 莫 莫 莫 莫 難 難 難
	非難(비난) : 남의 잘못이나 흠 따위를 책잡아서 나쁘게 말함.
	難　難　難
부수　隹(새추)	
획수　총19획	

量 헤아릴 량	丨 冂 冂 曰 昌 昌 昌 昌 量 量 量
	力量(역량) : 어떤 일을 감당할 수 있는 힘.
	量　量　量
부수　里(마을리)	
획수　총12획	

墨 悲 絲 染

먹 묵　슬플 비　실 사　물들일 염

흰 실에 검은 물이 들면 다시 희게 되지 못한다. 즉 사람도 매사를 조심해야 한다.

墨	丨 冂 冂 冃 冎 甲 甲 里 黒 黒 黒 黑 黑 墨 墨 墨
먹 묵	水墨畫(수묵화) : 먹의 농도를 이용해 그리는 동양화의 일종.
	墨 墨 墨
부수　土(흙토)	
획수　총15획	

悲	ノ ナ ヺ ヺ ヺ 非 非 非 非 悲 悲 悲
슬플 비	悲慘(비참) : 슬프고 끔찍함.　喜悲(희비) : 기쁨과 슬픔.
	悲 悲 悲
부수　心(마음심)	
획수　총12획	

絲	ㄱ ㄱ ㄠ 幺 幺 糸 糸 絲 絲 絲 絲 絲
실 사	絹絲(견사) : 비단을 짜는 명주실.　木絲(목사) : 무명실.
	絲 絲 絲
부수　糸(실사)	
획수　총12획	

染	` ㇀ 氵 氵 汃 汱 染 染 染
물들일 염	汚染(오염) : 더럽게 물듦.　傳染(전염) : 병이 남에게 옮음.
	染 染 染
부수　木(나무목)	
획수　총9획	

詩 讚 羔 羊

시 시　　칭찬할 찬　새끼양 고　　양 양

시전 고양편에 문왕의 덕을 입은 소남국 사람들이 양처럼 온순하게 됨을 칭찬하였다.

詩
시 시

부수	言(말씀언)
획수	총13획

一 亠 亖 亖 言 言 言 計 計 詩 詩 詩 詩

詩人(시인) : 시를 짓는 사람.　詩集(시집) : 여러 편의 시를 엮은 책.

詩 詩 詩

讚
칭찬할 찬

부수	言(말씀언)
획수	총26획

讚辭(찬사) : 칭찬하는 말.　讚頌(찬송) : 미덕을 기리고 칭찬함.

讚 讚 讚

羔
새끼양 고

부수	羊(양양)
획수	총10획

丶 丷 羊 羊 羊 羔 羔 羔

羔羊(고양) : 어린 양.　羔雁(고안) : 염소와 기러기.

羔 羔 羔

羊
양 양

부수	羊(양양)
획수	총6획

丶 丷 羊 羊 羊 羊

羊毛(양모) : 양의 털.　羊皮(양피) : 양의 가죽.

羊 羊 羊

1 다음 한자에 해당하는 낱말을 한글로 써 보세요.

1) 나는 매일 日記를 씁니다.

☐☐

2) 우리 가족은 秋夕에 할머니 댁에 내려갑니다.

☐☐

3) 사람이 사는 데 기본이 되는 옷과 음식과 집을 衣食住라고 한다.

☐☐☐

4) 급식 시간에 飮食을 남기지 않고 다 먹었어요.

☐☐

5) 나의 能力을 보여 주겠어!

☐☐

6) 나의 利己心 때문에 친구를 잃을 뻔했다.

☐☐☐

7) 水墨畫는 먹의 짙고 엷음을 이용해 그린 그림을 말합니다.

☐☐☐

정답

1) 일기 2) 추석 3) 의식주 4) 음식 5) 능력 6) 이기심 7) 수묵화

2 아래 훈(訓:뜻)과 음(音:소리)에 해당하는
한자를 선으로 연결해 보세요.

1) 달 월 •   • 來

2) 올 래 •   • 果

3) 과실 과 •   • 悲

4) 알 지 •   • 知

5) 슬플 비 •   • 月

3 밑줄 친 낱말의 한자를 보기에서 찾아 번호를 쓰세요.

보기 ▷ ①未來 ②天才 ③沐浴 ④東海 ⑤市場

1) <u>천재</u>는 1%의 영감과 99%의 노력으로 만들어진다. ☐

2) 엄마를 따라 <u>시장</u>에 가서 채소를 사왔어요. ☐

3) 운동을 한 후에는 꼭 <u>목욕</u>을 합니다. ☐

4) 넌 <u>미래</u>의 꿈이 뭐니? ☐

5) 새해에 <u>동해</u>에서 솟아오르는 해를 봤습니다. ☐

26

景 行 維 賢

경치 경   다닐 행   벼리 유   어질 현

행실을 훌륭하게 하고 당당하게 행하면 어진 사람이 된다.

景	丨 冂 冃 目 昌 昌 昙 롷 昙 景 景 景
경치 경	背景(배경) : 뒤쪽의 경치. 雪景(설경) : 눈이 내리는 경치.
	景 景 景
부수 日(날일)	
획수 총12획	

行	ノ ノ ノ 彳 彳 行
다닐 행	行爲(행위) : 사람이 하는 행동. 進行(진행) : 일을 처리해 나감.
	行 行 行
부수 行(다닐행)	
획수 총6획	

維	ノ ㄴ ㄠ ㄠ 爷 糸 糸 糺 絅 絅 絆 絆 絆 維 維
벼리 유	維持(유지) : 어떤 상황을 버티어 감. 保維(보유) : 간직하여 유지함.
	維 維 維
부수 糸(실사)	
획수 총14획	

賢	一 丆 冎 丐 臣 臤 臤 臤 腎 腎 督 督 賢 賢
어질 현	賢人(현인) : 어질고 총명하여 성인에 다음가는 사람.
	賢 賢 賢
부수 貝(조개패)	
획수 총15획	

克念作聖

이길 극　생각 념　지을 작　성인 성

성인의 언행을 생각하여 수양을 쌓으면 성인이 될 수 있다.

克
이길 극

一 十 ナ 古 古 卢 克

克明(극명) : 속속들이 확실하게 밝힘. 克服(극복) : 적이나 악조건을 이겨 냄.

克　克　克

부수	儿(어진사람인발)
획수	총7획

念
생각 념

丿 人 스 今 今 念 念 念

理念(이념) : 이성에 의해 얻어지는 최고의 개념이나 생각.

念　念　念

부수	心(마음심)
획수	총8획

作
지을 작

丿 亻 亻 仁 作 作 作

作業(작업) : 일정한 목적과 계획 아래에 하는 일.

作　作　作

부수	亻(사람인변)
획수	총7획

聖
성인 성

一 丁 下 下 耳 耳 耶 耶 耶 聖 聖 聖

聖域(성역) : 거룩한 지역. 神聖(신성) : 신과 같이 성스러운 일.

聖　聖　聖

부수	耳(귀이)
획수	총13획

27

德建名立

덕 덕　　세울 건　　이름 명　　설 립

항상 덕을 가지고 모든 일을 행하면 자연히 이름도 널리 알리게 된다.

德	´ ゛ ⺅ ⺅ ⻌ ⻍ ⻎ ⻏ ⻐ ⻑ ⻒ 德 德 德
덕 덕	德談(덕담) : 다른 사람이 잘 되라고 비는 말.
	德 德 德
부수 彳(두인변)	
획수 총15획	

建	ㄱ ㄱ ⺕ ⺕ ⺕ 聿 聿 建 建
세울 건	建設(건설) : 건물이나 시설 등을 짓는 일.
	建 建 建
부수 廴(민책받침)	
획수 총9획	

名	´ ク ク タ 夕 名 名
이름 명	名分(명분) : 각각의 위치에 따라 마땅히 지켜야할 도리.
	名 名 名
부수 口(입구)	
획수 총6획	

立	` 亠 亠 立 立
설 립	孤立(고립) : 다른 사람과 어울리지 못하고 외톨이가 됨.
	立 立 立
부수 立(설립)	
획수 총5획	

形 端 表 正

모양 형　　바를 단　　겉 표　　바를 정

용모가 단정하고 깨끗하면 바른 마음이 겉으로 드러난다.

形	一 二 于 开 形 形 形
모양 형	形式(형식) : 겉으로 드러나는 격식.　形狀(형상) : 사물의 생김새나 상태.
	形　形　形
부수　彡(터럭삼)	
획수　총7획	

端	` 亠 亠 立 立 立 立 立 端 端 端 端 端 端
바를 단	端緒(단서) : 일의 실마리.　端正(단정) : 옷차림이나 몸가짐이 얌전하고 바름.
	端　端　端
부수　立(설립)	
획수　총14획	

表	一 二 十 丰 主 丰 表 表
겉 표	辭表(사표) : 어떤 직책에서 물러나겠다는 뜻을 적은 문서.
	表　表　表
부수　衣(옷의)	
획수　총8획	

正	一 丁 下 正 正
바를 정	嚴正(엄정) : 엄하고 바름.　正鵠(정곡) : 목표 또는 핵심을 뜻함.
	正　正　正
부수　止(그칠지)	
획수　총5획	

28 空谷傳聲

빌 공　　골 곡　　전할 전　　소리 성

산골짜기에서 크게 소리치면 그대로 전해지듯이 군자의 말은 널리 퍼져 나간다.

空 빌 공

丶　丶　宀　宀　空　空　空　空

空氣(공기) : 지구를 둘러싼 대기의 하층부를 구성하는 무색, 무취의 투명한 기체.

空　空　空

부수	穴(구멍혈)
획수	총8획

谷 골 곡

丶　八　公　父　父　谷　谷

溪谷(계곡) : 산 사이에 물이 흐르는 골짜기.

谷　谷　谷

부수	谷(골곡)
획수	총7획

傳 전할 전

丶　亻　仁　仨　仨　但　伸　傳　傳　傳　傳　傳　傳

傳達(전달) : 지시나 명령 등을 다른 사람이나 기관에 전하여 이르게 함.

傳　傳　傳

부수	亻(사람인변)
획수	총13획

聲 소리 성

一　十　丰　吉　吉　声　声　殸　殸　殸　殸　殸　聲　聲　聲

喊聲(함성) : 여러 사람이 함께 지르는 소리. 名聲(명성) : 세상에 떨친 이름.

聲　聲　聲

부수	耳(귀이)
획수	총17획

虛 堂 習 聽

빌 허   집 당   익힐 습   들을 청

空谷傳聲 / 虛堂習聽

빈 집에서 소리를 내면 울려서 다 들리듯이 착한 말을 하면 멀리까지 울린다.

虛
빌 허

丨 ⺊ ⺊ 广 庐 庐 虍 虍 虗 虗 虛 虛

虛僞(허위) : 사실이 아닌 것을 사실처럼 꾸민 것.

虛 虛 虛

| 부수 | 虍(범호엄) |
| 획수 | 총12획 |

堂
집 당

丨 ⺊ ⺍ ⺌ 尙 尙 尙 告 堂 堂 堂

堂堂(당당) : 떳떳한 모습이나 태도.   書堂(서당) : 글방.

堂 堂 堂

| 부수 | 土(흙토) |
| 획수 | 총11획 |

習
익힐 습

フ ⺈ ⺘ ⺕ 羽 羽 羽 羽 習 習 習 習

習慣(습관) : 여러 번 되풀이하는 과정에서 저절로 익혀진 행동 방식.

習 習 習

| 부수 | 羽(깃우) |
| 획수 | 총11획 |

聽
들을 청

一 丆 丆 耳 耳 耳 耳 耳 耳 耵 耵 聍 聍 聍 聽 聽 聽 聽

盜聽(도청) : 남의 이야기를 몰래 엿들음.   視聽(시청) : 눈과 귀로 듣고 봄.

聽 聽 聽

| 부수 | 耳(귀이) |
| 획수 | 총22획 |

29 禍因惡積

재앙 화　인할 인　악할 악　쌓을 적

재앙은 평소에 악을 쌓았기 때문에 오는 것이다.

禍	一　亍　亍　亍　利　利　神　神　神　神　祸　禍　禍　禍
	禍根(화근) : 재앙을 가져올 근원.　慘禍(참화) : 참혹한 재난.
재앙 화	禍　禍　禍
부수 示(보일시)	
획수 총14획	

因	丨　冂　冃　冈　因　因
	因襲(인습) : 옛날부터 내려오는 풍습, 예절 등을 그대로 따름.
인할 인	因　因　因
부수 囗(큰입구몸)	
획수 총6획	

惡	一　一　千　千　千　禾　禾　禾　積　積　積　積　積　積　積
	惡化(악화) : 더욱 나빠짐.　憎惡(증오) : 몹시 미워함.
악할 악	惡　惡　惡
부수 心(마음심)	
획수 총12획	

積	一　一　千　千　禾　禾　禾　禾　積　積　積　積　積　積　積　積
	累積(누적) : 포개어 여러 번 쌓음.　積金(적금) : 돈을 모아 둠.
쌓을 적	積　積　積
부수 禾(벼화)	
획수 총16획	

福緣善慶
복 복   인연 연   착할 선   경사 경

복은 착한 일에서 오는 것이니 착한 일을 하면 경사가 온다.

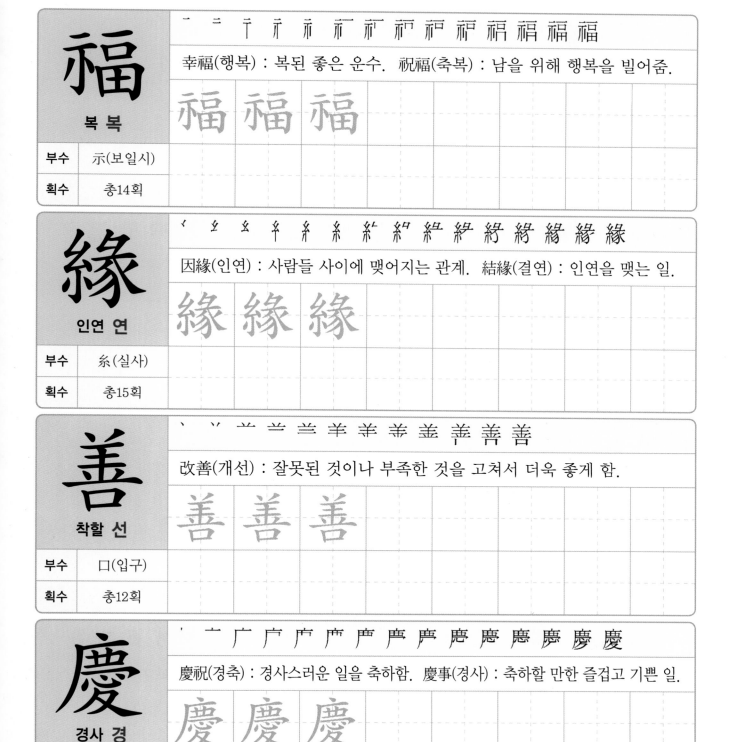

福	‐ ‐ ‐ ‐ ‐ ‐ ‐ ‐ ‐ ‐ ‐ ‐ ‐ ‐ ‐ 福 福 福 福
복 복	幸福(행복) : 복된 좋은 운수. 祝福(축복) : 남을 위해 행복을 빌어줌.
부수 示(보일시)	福 福 福
획수 총14획	

緣	‐ ‐ ‐ ‐ ‐ ‐ ‐ ‐ 糸 糸 糸 絟 絟 絭 緣 緣
인연 연	因緣(인연) : 사람들 사이에 맺어지는 관계. 結緣(결연) : 인연을 맺는 일.
부수 糸(실사)	緣 緣 緣
획수 총15획	

善	‐ ‐ ‐ ‐ ‐ 羊 羊 羊 羔 善 善 善
착할 선	改善(개선) : 잘못된 것이나 부족한 것을 고쳐서 더욱 좋게 함.
부수 口(입구)	善 善 善
획수 총12획	

慶	‐ ‐ 广 广 户 庐 庐 庐 庐 庐 庐 慶 慶 慶
경사 경	慶祝(경축) : 경사스러운 일을 축하함. 慶事(경사) : 축하할 만한 즐겁고 기쁜 일.
부수 心(마음심)	慶 慶 慶
획수 총15획	

30

尺璧非寶

자 척　구슬 벽　아닐 비　보배 보

한 자 되는 구슬이라고 해서 결코 보배라고는 할 수 없다.

尺 자 척	フ ユ ア 尺
	咫尺(지척) : 아주 가까운 거리를 뜻함.　尺度(척도) : 자로 재는 길이.
	尺 尺 尺
부수　尸(주검시엄)	
획수　총4획	

璧 구슬 벽	フ ユ ア ア ア ア ア' ア⁺ ア⁺ ア⁺ ア⁺ ア⁺ 璧 璧 璧 璧
	雙璧(쌍벽) : 우열을 가릴 수 없을 정도로 두 편이 모두 훌륭함.
	璧 璧 璧
부수　玉(구슬옥)	
획수　총18획	

非 아닐 비	ノ ナ ナ ヲ ヲ ヲ 非 非 非
	非命(비명) : 제명대로 다 살지 못하고 죽음.
	非 非 非
부수　非(아닐비)	
획수　총8획	

寶 보배 보	' '' 宀 宀 宔 宔 宔 宔 宔 宝 宝 寶 寶 寶 寶 寶
	國寶(국보) : 나라에서 보물로 지정한 물체.　寶物(보물) : 귀하고 가치 있는 물건.
	寶 寶 寶
부수　宀(갓머리)	
획수　총20획	

寸陰是競

마디 촌   그늘 음   이 시   다툴 경

尺璧非寶 / 寸陰是競

한 자 되는 구슬보다도 잠깐의 시간이 더욱 귀중하니 시간을 아껴 써야 한다.

寸
마디 촌

一 十 寸

寸劇(촌극) : 아주 짧은 단편극 혹은 토막극. 寸刻(촌각) : 매우 짧은 시간.

寸 寸 寸

| 부수 | 寸(마디촌) |
| 획수 | 총3획 |

陰
그늘 음

丨 丿 阝 阝 阝 阝 阝 阽 陰 陰 陰

陰地(음지) : 볕이 들지 않는 그늘진 곳. 山陰(산음) : 산의 그늘.

陰 陰 陰

| 부수 | 阝(좌부변) |
| 획수 | 총11획 |

是
이 시

丨 冂 冃 日 旦 昰 昰 昻 是

是非(시비) : 잘잘못. 是認(시인) : 옳다고 인정함.

是 是 是

| 부수 | 日(날일) |
| 획수 | 총9획 |

競
다툴 경

丶 亠 产 立 产 产 产 竞 竞 竞 竞 竞 竞 竞 竞 競 競

競賣(경매) : 물건을 사려는 사람이 여럿일 때 값을 가장 높이 부르는 사람에게 파는 일.

競 競 競

| 부수 | 立(설립) |
| 획수 | 총20획 |

31

資 父 事 君

재물 자   아비 부   섬길 사   임금 군

부모를 섬기는 마음으로 임금을 섬겨야 한다.

資
재물 자

丶 一 冫 冫 汸 汸 次 次 咨 咨 咨 咨 資 資

投資(투자) : 이익을 얻기 위해서 사업이나 일에 자본을 댐.

資 資 資

| 부수 | 貝(조개패) |
| 획수 | 총13획 |

父
아비 부

丿 丷 八 父

父母(부모) : 아버지와 어머니. 父子(부자) : 아버지와 아들.

父 父 父

| 부수 | 父(아비부) |
| 획수 | 총4획 |

事
섬길 사

一 一 亍 亖 亘 写 写 事

事件(사건) : 주목을 받을만한 뜻밖의 사고.

事 事 事

| 부수 | 亅(갈고리궐) |
| 획수 | 총8획 |

君
임금 군

フ ヨ 子 尹 尹 君 君

君臨(군림) : 임금으로서 나라를 다스리는 것.

君 君 君

| 부수 | 口(입구) |
| 획수 | 총7획 |

曰 嚴 與 敬

가로 왈　엄할 엄　더불 여　공경할 경

임금을 섬기는 데는 엄숙함과 공경함이 있어야 한다.

曰 가로 왈	｜ 冂 日 日
	曰牌(왈패) : 말과 행동이 단정하지 못하고 수선스러운 사람을 뜻함.
부수　日(가로왈)	曰 曰 曰
획수　총4획	

嚴 엄할 엄	｜ 冂 日 呾 呾 严 严 严 严 严 严 嚴 嚴 嚴 嚴 嚴 嚴 嚴
	尊嚴(존엄) : 높고 엄숙함. 嚴肅(엄숙) : 장엄하고 정숙함.
부수　口(입구)	嚴 嚴 嚴
획수　총20획	

與 더불 여	´ ｢ ｢ ｢ ｢ ｢ 臼 臼 臼 臼 臼 臼 與 與
	關與(관여) : 어떤 일에 관계하여 참여함.
부수　臼(절구구변)	與 與 與
획수　총14획	

敬 공경할 경	ˉ ＋ ＋ 廿 ＋ 芍 芍 苟 苟 苟 苛 苟 敬
	敬老(경로) : 노인을 공경함. 敬聽(경청) : 다른 사람의 말을 귀를 기울여 들음.
부수　攵(등글월문)	敬 敬 敬
획수　총13획	

32 孝 當 竭 力

효도 효   마땅할 당   다할 갈   힘 력

부모를 섬길 때는 마땅히 온 힘을 다해야 한다.

孝 효도 효	一 十 土 耂 耂 孝 孝
	忠孝(충효) : 나라에 대한 충성과 부모에 대한 효도.
	孝 孝 孝
부수 子(아들자)	
획수 총7획	

當 마땅할 당	丨 丨 丷 丷 竹 竹 當 當 當 當 當 當 當
	堪當(감당) : 일을 맡아서 능히 해냄. 當時(당시) : 일이 생긴 그때.
	當 當 當
부수 田(밭전)	
획수 총13획	

竭 다할 갈	丶 一 十 立 立 立 站 妈 妈 妈 跖 跖 竭 竭
	空竭(공갈) : 물건이나 돈 등이 다하여 없어짐.
	竭 竭 竭
부수 立(설립)	
획수 총14획	

力 힘 력	フ 力
	勢力(세력) : 권력이나 기세의 힘. 協力(협력) : 힘을 합해 서로 돕는 일.
	力 力 力
부수 力(힘력)	
획수 총2획	

忠則盡命

충성 충　곧 즉　다할 진　목숨 명

나라에 충성할 때는 목숨을 다해 섬겨야 한다.

忠

충성 충

부수	心(마음심)
획수	총8획

丨 口 口 中 忠 忠 忠 忠

忠告(충고) : 남의 결함이나 잘못을 타이름.　忠實(충실) : 충직하고 성실함.

忠　忠　忠

則

곧 즉

부수	刂(선칼도방)
획수	총9획

丨 冂 冂 肙 目 貝 貝 則 則

必生則死(필생즉사) : 반드시 살고자 하면 오히려 죽게 된다는 뜻의 고사성어.

則　則　則

盡

다할 진

부수	皿(그릇명)
획수	총14획

コ ヨ ヨ 聿 聿 聿 肃 肃 肃 盉 盡 盡

未盡(미진) : 아직 충분하지 못함.　消盡(소진) : 점점 줄어들어 모두 없어짐.

盡　盡　盡

命

목숨 명

부수	口(입구)
획수	총8획

丿 人 人 合 合 合 命 命

運命(운명) : 초인간적인 힘에 의하여 이미 정해져 있는 목숨이나 처지.

命　命　命

33 臨深履薄

임할 림(임)　깊을 심　밟을 리(이)　얇을 박

행실을 깊은 곳에 임하듯 하며 얇은 데를 밟듯이 주의해야 한다.

臨 임할 림(임)

丨 丨 丨 丨 臣 臣 臣 臣 臣 臣 臣 臣 臣 臣 臨 臨 臨

君臨(군림) : 어떤 분야에서 강력한 세력을 가지고 지배적인 위치를 차지하는 것.

臨 臨 臨

부수	臣(신하신)
획수	총17획

深 깊을 심

丶 丶 氵 氵 氵 沪 沪 湶 湶 深 深

深夜(심야) : 깊은 밤.　水深(수심) : 물의 깊이.

深 深 深

부수	氵(삼수변)
획수	총11획

履 밟을 리(이)

フ コ 尸 尸 尸 尸 屄 屄 屄 屡 屡 屡 屡 履 履

履行(이행) : 약속이나 계약 등을 실제로 행함.　木履(목리) : 나막신.

履 履 履

부수	尸(주검시엄)
획수	총15획

薄 얇을 박

一 十 艹 芒 芭 莫 莲 莲 蒲 蒲 蒲 蒲 蓮 薄 薄

瘠薄(척박) : 토양이 기름지지 못하고 몹시 메마름.

薄 薄 薄

부수	艹(초두머리)
획수	총17획

夙興溫凊

일찍 숙 일어날 흥 따뜻할 온 서늘할 정

부모를 섬길 때에 일찍 일어나서 추우면 덥게, 더우면 서늘하게 해 드려야 한다.

夙 일찍 숙	ノ 几 凡 凤 夙 夙
	夙成(숙성) : 나이는 어리지만 지각이나 신체적 발육이 빨라 어른스러움.
부수 夕(저녁석) **획수** 총6획	夙 夙 夙

興 일어날 흥	´ ｒ ｒ ｆ ｆ 月 月 用 用 用 用 門 門 門 興 興
	興亡(흥망) : 흥함과 망함. 新興(신흥) : 새로 일어남.
부수 臼(절구구변) **획수** 총16획	興 興 興

溫 따뜻할 온	` ` 氵 氵 汀 汩 汩 汩 溫 溫 溫 溫 溫
	溫暖(온난) : 날씨가 따뜻함. 溫氣(온기) : 따뜻한 기운.
부수 氵(삼수변) **획수** 총13획	溫 溫 溫

淸 서늘할 정	` 冫 冫 冫 汢 汢 淸 淸 淸 淸
	冬溫夏淸(동온하정) : 겨울에는 따뜻하게 하고 여름에는 시원하게 함.
부수 冫(이수변) **획수** 총10획	淸 淸 淸

월   일

似 蘭 斯 馨
같을 사　난초 란　이 사　향기 형

군자의 지조가 난초의 향기와 같다.

似
같을 사

丿 亻 亻 仏 仏 似 似

類似(유사) : 서로 비슷함.　恰似(흡사) : 거의 같음.

似 似 似

부수	亻(사람인변)
획수	총7획

蘭
난초 란

一 十 十 ﾅﾅ ﾅﾅ 广 广 广 广 蔄 蔄 萳 萳 蕳 蕳 蘭 蘭 蘭

梅蘭(매란) : 매화와 난초.

蘭 蘭 蘭

부수	⺾(초두머리)
획수	총21획

斯
이 사

一 十 艹 艹 苷 苷 甘 其 其 其 斯 斯 斯

斯世(사세) : 이 세상.　阿斯達(아사달) : 단군 조선 때의 도읍.

斯 斯 斯

부수	斤(날근)
획수	총12획

馨
향기 형

一 十 士 吉 吉 声 声 殸 殸 殸 馨 馨 馨 馨 馨 馨

馨香(형향) : 꽃다운 향기.　潔馨(결형) : 깨끗하고 향기로움.

馨 馨 馨

부수	香(향기향)
획수	총20획

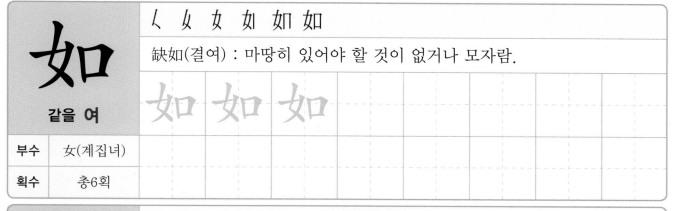

如松之盛

같을 여　소나무 송　갈 지　성할 성

군자의 절개가 소나무의 무성함과 같다.

如	乚 乚 女 如 如 如
같을 여	缺如(결여) : 마땅히 있어야 할 것이 없거나 모자람.
	如 如 如
부수 女(계집녀)	
획수 총6획	

松	一 十 十 才 木 木 松 松
소나무 송	松花(송화) : 소나무의 꽃.　松竹(송죽) : 소나무와 대나무.
	松 松 松
부수 木(나무목)	
획수 총8획	

之	丶 亠 之 之
갈 지	無我之境(무아지경) : 한곳에 흠뻑 빠져서 자신을 잊어버리고 있는 상태.
	之 之 之
부수 丿(삐침별)	
획수 총4획	

盛	丿 厂 厂 厈 成 成 成 盛 盛 盛 盛 盛
성할 성	旺盛(왕성) : 한창 성함.　盛衰(성쇠) : 성하고 쇠퇴함.
	盛 盛 盛
부수 皿(그릇명)	
획수 총12획	

35 川 流 不 息

내 천　　흐를 류　　아니 불　　쉴 식

군자의 행동은 냇물이 쉬지 않고 흐르는 것과 같다.

川 내 천	ノ 刀 川
부수　川(내천)	河川(하천) : 강과 시내.　乾川(건천) : 마른 시내.
획수　총3획	川　川　川

流 흐를 류	、 、 ⅈ ⅈ ⅈ 氵 浐 浐 浐 流 流
부수　氵(삼수변)	漂流(표류) : 물에 떠서 정처 없이 흘러감.
획수　총10획	流　流　流

不 아니 불	一 丆 不 不
부수　一(한일)	不法(불법) : 법을 어김.　不滿(불만) : 마음에 들지 않아 좋지 않음.
획수　총4획	不　不　不

息 쉴 식	′ ⅈ 冇 白 自 自 自 息 息 息
부수　心(마음심)	棲息地(서식지) : 생물이 일정한 곳에 자리를 잡고 사는 장소.
획수　총10획	息　息　息

淵 澄 取 暎

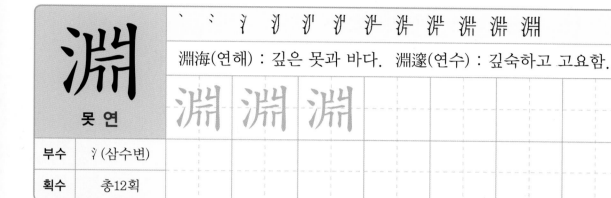

못 연　　맑을 징　　취할 취　　비칠 영

군자의 마음은 연못이 맑아 비치는 것과 같다.

淵

못 연

부수	氵(삼수변)
획수	총12획

`丶 丶 氵 氵 氵 氵 氵 氵 淵 淵 淵 淵`

淵海(연해) : 깊은 못과 바다.　淵邃(연수) : 깊숙하고 고요함.

淵　淵　淵

澄

맑을 징

부수	氵(삼수변)
획수	총15획

`丶 丶 氵 氵 氵 氵 氵 氵 氵 澄 澄 澄 澄 澄 澄`

澄淸(징청) : 물 등이 맑고 깨끗함.　明澄(명징) : 밝고 맑음.

澄　澄　澄

取

취할 취

부수	又(또우)
획수	총8획

`一 T F F E 耳 取 取`

取扱(취급) : 사람이나 사물을 다룸.　奪取(탈취) : 남의 것을 억지로 빼앗음.

取　取　取

暎

비칠 영

부수	日(날일)
획수	총13획

`丨 冂 冃 日 日 旷 旷 旷 旷 晻 晻 暎 暎`

上映(상영) : 극장 등에서 영화를 보여주는 것.

暎　暎　暎

容止若思

얼굴 용   그칠 지   같을 약   생각 사

군자의 행동은 조용히 생각하는 침착한 태도를 가진다.

容	＇ ＇ 宀 宀 宀 宏 宏 突 容 容
얼굴 용	容恕(용서) : 죄나 잘못을 꾸짖거나 벌하지 않고 덮어 줌.
	容　容　容
부수 宀(갓머리)	
획수 총10획	

止	｜ ⼘ 止 止
그칠 지	防止(방지) : 어떠한 일이 일어나지 못하게 막음.
	止　止　止
부수 止(그칠지)	
획수 총4획	

若	一 十 十 廿 艹 艻 若 若
같을 약	若干(약간) : 얼마 되지 않음. 有若無(유약무) : 있으나 없는 것과 다름없음.
	若　若　若
부수 艹(초두머리)	
획수 총9획	

思	｜ 冂 冃 田 田 田 思 思 思
생각 사	思考(사고) : 어떤 문제에 대해서 생각하고 궁리함.
	思　思　思
부수 心(마음심)	
획수 총9획	

言 辭 安 定

말씀 언　말씀 사　편안 안　정할 정

군자는 말도 침착하고 안정되게 한다.

言
말씀 언

一 二 三 言 言 言 言

格言(격언) : 인생에 교훈이 될 만한 짧은 말.

言 言 言

부수	言(말씀언)
획수	총7획

辭
말씀 사

讚辭(찬사) : 찬미하는 글이나 말.　不辭(불사) : 마다하지 않음.

辭 辭 辭

부수	辛(매울신)
획수	총19획

安
편안 안

' 宀 宀 安 安 安

安定(안정) : 마음이 편안하여 흔들리지 않음.

安 安 安

부수	宀(갓머리)
획수	총6획

定
정할 정

' 宀 宀 宀 宇 宇 定 定

豫定(예정) : 할 일에 대해 미리 정해 두는 것.

定 定 定

부수	宀(갓머리)
획수	총8획

37 篤初誠美

도타울 독　처음 초　정성 성　아름다울 미

무엇이든지 처음부터 성실하고 신중히 해야 한다.

篤
도타울 독

丿 ノ ⺮ ⺮ ⺮ ⺮ ⺮ ⺮ 笁 笁 笁 篤 篤 篤 篤 篤

敦篤(돈독) : 도탑고 성실함.　危篤(위독) : 병세가 중하여 생명이 위태로움.

篤　篤　篤

부수	竹(대죽)
획수	총16획

初
처음 초

丶 ゔ ネ ネ ネ 初 初

初步(초보) : 학문이나 기술을 익힐 때의 처음 단계.

初　初　初

부수	刀(칼도)
획수	총7획

誠
정성 성

一 一 三 三 言 言 言 訶 訶 訶 試 誠 誠

誠意(성의) : 어떤 일을 정성껏 하는 태도나 마음.

誠　誠　誠

부수	言(말씀언)
획수	총14획

美
아름다울 미

丶 丷 ⺷ ⺷ 羊 羊 差 羑 美

美人(미인) : 아름답게 생긴 여성.　甘美(감미) : 맛이나 느낌 등이 달콤함.

美　美　美

부수	羊(양양)
획수	총9획

愼終宜令

삼갈 신   마지막 종   마땅 의   하여금 령

무슨 일이든지 처음뿐만 아니라 끝맺음도 좋아야 한다.

愼
삼갈 신

丶 丶 忄 忄 忄 忄 忄 愼 愼 愼 愼 愼 愼

愼重(신중) : 매우 조심스러움. 謹愼(근신) : 말과 행동을 삼가고 조심함.

愼 愼 愼

| 부수 | 忄(심방변) |
| 획수 | 총13획 |

終
마지막 종

丶 糸 糸 糸 糸 糸 糸 終 終 終 終

終了(종료) : 일을 마침. 最終(최종) : 과정의 가장 마지막.

終 終 終

| 부수 | 糸(실사) |
| 획수 | 총11획 |

宜
마땅 의

丶 丶 宀 宀 宀 宜 宜 宜

宜合(의합) : 알맞고 적절함. 時宜(시의) : 시기에 맞음.

宜 宜 宜

| 부수 | 宀(갓머리) |
| 획수 | 총8획 |

令
하여금 령

丿 人 仒 令 令

命令(명령) : 윗사람이 아랫사람에게 무엇을 하도록 시킴.

令 令 令

| 부수 | 人(사람인) |
| 획수 | 총5획 |

榮
영화 영

丶 丷 丷 丬 火 火 炒 炒 炒 炒 燃 燃 燃 燃 榮 榮

榮譽(영예) : 빛나는 명예.　榮華(영화) : 세상에 드러나는 영광.

榮　榮　榮

| 부수 | 木(나무목) |
| 획수 | 총14획 |

業
업업

丷 丷 丷 业 业 业 业 业 业 业 业 業 業

業績(업적) : 어떤 사업이나 연구에서 이룩해 놓은 성과.

業　業　業

| 부수 | 木(나무목) |
| 획수 | 총13획 |

所
바소

丶 亅 亅 戸 戸 所 所 所

場所(장소) : 어떤 일이 이루어지거나 일어나는 곳.

所　所　所

| 부수 | 戸(지게호) |
| 획수 | 총8획 |

基
터기

一 十 卄 廿 廿 甘 其 其 其 基 基

基本(기본) : 사물의 근본.　基準(기준) : 기본이 되는 표준.

基　基　基

| 부수 | 土(흙토) |
| 획수 | 총11획 |

籍甚無竟

호적 적   심할 심   없을 무   마침내 경

뿐만 아니라 자신의 명예스러운 이름이 오래도록 전해질 것이다.

籍 호적 적

丿 ⺮ ⺮ 竺 笁 笁 笋 笋 笋 笋 籍 籍 籍 籍 籍 籍 籍 籍

國籍(국적) : 한 나라의 구성원으로서 가지는 법률상의 자격.

籍 籍 籍

부수	竹(대죽)
획수	총20획

甚 심할 심

一 十 卄 甘 甘 甘 甚 甚 甚 甚

甚難(심난) : 매우 어려움. **極甚(극심)** : 몹시 심함.

甚 甚 甚

부수	甘(달감)
획수	총9획

無 없을 무

丿 ㇒ ⺯ ⺯ 𠂉 𣅀 無 無 無 無 無 無

無視(무시) : 깔보거나 업신여김. **無關(무관)** : 아무런 관계가 없음.

無 無 無

부수	灬(연화발)
획수	총12획

竟 마침내 경

丶 亠 亠 立 产 产 音 音 音 竟 竟

畢竟(필경) : 마침내. **竟夜(경야)** : 밤새도록.

竟 竟 竟

부수	立(설립)
획수	총11획

39 學優登仕

배울 학   넉넉할 우   오를 등   벼슬 사

배운 것이 넉넉하면 벼슬에 오를 수 있다.

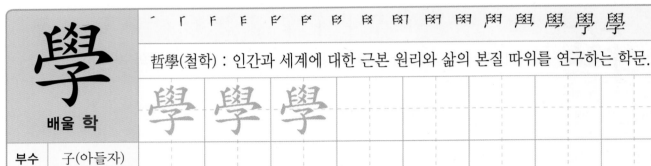

學	´ ⌐ F F F F F F F 段 段 段 段 毆 學 學 學
배울 학	哲學(철학) : 인간과 세계에 대한 근본 원리와 삶의 본질 따위를 연구하는 학문.
	學 學 學
부수 子(아들자)	
획수 총16획	

優	´ イ イ イ イ 伊 伊 伊 伊 侲 侲 侲 儍 儍 儍 優 優
넉넉할 우	俳優(배우) : 연극이나 영화 속 인물을 연기하는 사람.
	優 優 優
부수 亻(사람인변)	
획수 총17획	

登	⁊ ⁊ ᄀᄼ ᄀᄼ ᄊ ᄊ ᄍ 咎 咎 登 登 登
오를 등	登錄(등록) : 일정한 자격 조건을 위해 문서에 올림.
	登 登 登
부수 ʡᵛ(필발머리)	
획수 총12획	

仕	´ イ 仁 什 仕
벼슬 사	奉仕(봉사) : 남을 위하여 자신의 이익을 따지지 않고 일하며 애씀.
	仕 仕 仕
부수 亻(사람인변)	
획수 총5획	

攝職從政

잡을 섭　벼슬 직　좇을 종　정사 정

벼슬에 올라 정사를 돌볼 수 있다.

攝
잡을 섭

一 十 扌 扌 扩 扩 拝 捤 捤 捤 捤 捤 捤 捤 捤 攝 攝 攝

包攝(포섭) : 상대편을 자기편으로 끌어들임.

攝 攝 攝

부수	扌(재방변)
획수	총21획

職
벼슬 직

一 丅 丆 丆 耳 耳 耶 职 职 职 職 職 職 職 職 職 職 職

職場(직장) : 각자가 맡은 일을 하는 일터.　退職(퇴직) : 현직에서 물러남.

職 職 職

부수	耳(귀이)
획수	총18획

從
좇을 종

ノ ノ 彳 彳 彳 彳 从 秖 秖 従 從

從事(종사) : 어떤 일에 매달려 일함.　追從(추종) : 남의 뒤를 따라서 좇음.

從 從 從

부수	彳(두인변)
획수	총11획

政
정사 정

一 丅 丅 下 正 正 政 政 政 政

政治(정치) : 나라를 다스리는 일.　政略(정략) : 정치상의 책략.

政 政 政

부수	攵(등글월문)
획수	총9획

40 存 以 甘 棠

있을 존   써 이   달 감   아가위 당

주나라 소공이 남국의 아가위나무 아래에서 백성을 교화하였다.

存 있을 존	一 ナ 才 존 存 存
	保存(보존) : 잘 보호하여 오래 남아있게 함. 存立(존립) : 생존하여 자립함.
	存 存 存
부수 子(아들자)	
획수 총6획	

以 써 이	丨 丨 丨 以 以
	以來(이래) : 그 뒤로. 以外(이외) : 어떤 범위 밖.
	以 以 以
부수 人(사람인)	
획수 총5획	

甘 달 감	一 十 廿 廿 甘
	甘言(감언) : 남의 비위에 맞도록 듣기 좋게 하는 말.
	甘 甘 甘
부수 甘(달감)	
획수 총5획	

棠 아가위 당	丨 丨 丷 丷 芇 芇 屵 屵 学 学 棠
	海棠花(해당화) : 장미과에 딸린 갈잎 떨기나무로 바닷가나 산기슭에 분포함.
	棠 棠 棠
부수 木(나무목)	
획수 총12획	

去而益詠

갈 거　어조사 이　더할 익　읊을 영

소공이 죽은 후 남국의 백성이 그의 덕을 기리며 감당시를 읊었다.

去 갈 거

一 十 土 去 去

過去(과거) : 이미 지나간 시간들.　收去(수거) : 물건 등을 거두어 감.

去　去　去

부수　厶(마늘모)

획수　총5획

而 어조사 이

一 丆 厂 百 而 而

然而(연이) : 그리고 나서.　而後(이후) : 지금부터.

而　而　而

부수　而(말이을이)

획수　총6획

益 더할 익

丿 八 八 公 父 谷 谷 谷 益 益

國益(국익) : 나라의 이익.　損益(손익) : 손실과 이익.

益　益　益

부수　皿(그릇명)

획수　총10획

詠 읊을 영

一 二 三 言 言 言 言 計 討 詠 詠 詠

詠歌(영가) : 시가를 읊음.　舞詠(무영) : 춤과 노래.

詠　詠　詠

부수　言(말씀언)

획수　총12획

樂 殊 貴 賤

풍류 악　다를 수　귀할 귀　천할 천

풍류는 사람의 귀천에 따라 각각 달리 즐겼다.

樂
풍류 악

부수	木(나무목)
획수	총15획

´ ˊ ˊ 自 自 自 绐 绐 绐 绐 樂 樂 樂 樂 樂

音樂(음악) : 박자나 음성 등을 이용해 목소리나 악기로 감정을 나타내는 예술.

樂 樂 樂

殊
다를 수

부수	歹(죽을사변)
획수	총10획

一 ㄕ ㄒ ㄉ ㄉ 歹 歺 死 殊 殊 殊

優殊(우수) : 특별히 뛰어남.　殊常(수상) : 보통과는 달라 의심스러움.

殊 殊 殊

貴
귀할 귀

부수	貝(조개패)
획수	총12획

´ ㅁ ㅁ 中 虫 串 书 昔 昔 昔 貴 貴

貴賤(귀천) : 부귀와 빈천.　貴賓(귀빈) : 귀한 손님.

貴 貴 貴

賤
천할 천

부수	貝(조개패)
획수	총15획

丨 刂 冂 冃 目 目 貝 貝 貝ˊ 賎 賎 賤 賤 賤 賤

賤待(천대) : 업신여기어 천하게 대우함.　貧賤(빈천) : 가난하고 천함.

賤 賤 賤

禮別尊卑

예도 례(예)   다를 별   높을 존   낮을 비

예법도 신분의 높고 낮음에 따라 구별하였다.

禮

예도 례(예)

一 二 亍 亍 亓 亓 礻 礻 禮 禮 禮 禮 禮 禮 禮 禮 禮

茶禮(차례) : 명절날에 조상에게 예를 다하며 지내는 제사.

禮 禮 禮

부수	示(보일시)
획수	총18획

別

다를 별

丨 冂 口 号 另 別 別

各別(각별) : 유난히 특별함.   離別(이별) : 헤어짐.

別 別 別

부수	刂(선칼도방)
획수	총7획

尊

높을 존

丿 八 丷 丷 酋 酋 酋 酋 酋 酋 尊 尊

尊稱(존칭) : 존경을 표하며 부르는 명칭.

尊 尊 尊

부수	寸(마디촌)
획수	총12획

卑

낮을 비

丿 丿 冂 白 白 甶 甶 卑

卑下(비하) : 업신여겨 낮춤.   卑屈(비굴) : 비겁하고 용기가 없으며 천함.

卑 卑 卑

부수	十(열십)
획수	총8획

42 上和下睦

위 상 화할 화 아래 하 화목할 목

위에서 사랑하고 아래에서 공경해야 서로 화목할 수 있다.

上 위 상

부수	一(한일)
획수	총3획

丨 ⺊ 上

向上(향상) : 실력이나 수준 등이 점점 발전함. 上昇(상승) : 위로 올라감.

上 上 上

和 화할 화

부수	口(입구)
획수	총8획

㇒ 二 千 禾 禾 利 和 和

緩和(완화) : 긴장된 상태를 느슨하게 함. 調和(조화) : 서로 잘 어울림.

和 和 和

下 아래 하

부수	一(한일)
획수	총3획

一 丅 下

下落(하락) : 등급 따위가 갑자기 떨어짐. 引下(인하) : 끌어내리거나 떨어뜨림.

下 下 下

睦 화목할 목

부수	目(눈목)
획수	총13획

丨 冂 冃 月 目 目一 目十 目土 目坴 睦 睦 睦 睦

和睦(화목) : 서로 뜻이 맞고 정다움. 親睦(친목) : 서로 친하여 화목함.

睦 睦 睦

夫唱婦隨

지아비 부   부를 창   지어미 부   따를 수

남편이 부르면 아내가 따른다. 즉 화목한 가정을 말한다.

夫 지아비 부	一 二 チ 夫
	夫婦(부부) : 남편과 아내. 農夫(농부) : 농사를 짓는 사람.
부수 大(큰대) 획수 총4획	夫 夫 夫

唱 부를 창	丨 冂 冂 叮 叮 吅 吅 呾 唱 唱 唱
	合唱(합창) : 많은 사람이 서로 조화를 이루며 노래를 부름.
부수 口(입구) 획수 총11획	唱 唱 唱

婦 지어미 부	く 女 女 妒 妒 妒 妒 婦 婦 婦 婦
	婦女子(부녀자) : 부인과 여자를 말하며 여성을 뜻함.
부수 女(계집녀) 획수 총11획	婦 婦 婦

隨 따를 수	⻖ ⻖ ⻖ ⻖ ⻖ ⻖ ⻖ 陏 陏 陏 陏 陏 隋 隨 隨
	隨行(수행) : 일정한 임무를 띠고 가는 사람을 따라감.
부수 阝(좌부변) 획수 총16획	隨 隨 隨

43 外受傅訓

밖 외   받을 수   스승 부   가르칠 훈

밖에서는 스승의 가르침을 받아야 한다.

外 밖 외	ノ ク タ タ 列 外
	除外(제외) : 범위 밖으로 빼 둠. 疏外(소외) : 따돌려 멀리함.
	外 外 外
부수 夕(저녁석)	
획수 총5획	

受 받을 수	´ ´ ´ ´ ´´ ´´ 受 受
	受諾(수락) : 요구를 받아들여 승낙함. 受賞(수상) : 상을 받음.
	受 受 受
부수 又(또우)	
획수 총8획	

傅 스승 부	ノ イ イ イ´ イ` イ` イ` 俌 俌 俌 傅 傅
	師傅(사부) : 가르쳐 이끌어 주는 사람으로 스승이나 선생을 뜻함.
	傅 傅 傅
부수 イ(사람인변)	
획수 총12획	

訓 가르칠 훈	` ´ ` ´´ ´´ 言 言 訓 訓 訓
	敎訓(교훈) : 행동이나 생활에 지침이 될 만한 것을 가르침.
	訓 訓 訓
부수 言(말씀언)	
획수 총10획	

入奉母儀

들 입   받들 봉   어미 모   거동 의

집에 돌아오면 어머니를 받들어 일을 한다.

入

들 입

부수	入(들입)
획수	총2획

ノ 入

導入(도입) : 기술, 방법, 물자 등을 끌어들임.

入　入　入

奉

받들 봉

부수	大(큰대)
획수	총8획

一 二 三 丰 夫 表 表 奉

奉獻(봉헌) : 물건을 받들어 바침. 奉仕者(봉사자) : 남을 위해 일하는 사람.

奉　奉　奉

母

어미 모

부수	毋(말무)
획수	총5획

乚 口 口 母 母

祖母(조모) : 할머니. 姑母(고모) : 아버지의 누이.

母　母　母

儀

거동 의

부수	亻(사람인변)
획수	총15획

ノ 亻 亻 亻 俨 俨 俨 佯 佯 佯 佯 儀 儀 儀

儀式(의식) : 어떤 행사를 치르는 정해진 방식. 儀禮(의례) : 형식을 갖춘 예의.

儀　儀　儀

44 諸 姑 伯 叔

모두 제　고모 고　맏 백　아재비 숙

고모, 백부, 숙부 등은 아버지의 형제이니 섬겨야 한다.

諸 모두 제	一 亠 亠 言 言 言 言 計 計 許 諸 諸 諸 諸 諸 諸
	諸島(제도) : 여러 섬. 諸般(제반) : 모든 것.
	諸　諸　諸
부수　言(말씀언)	
획수　총16획	

姑 고모 고	ㄑ ㄑ 女 女 女 妁 姑 姑
	姑婦(고부) : 시어머니와 며느리. 姑從四寸(고종사촌) : 고모의 아들과 딸.
	姑　姑　姑
부수　女(계집녀)	
획수　총8획	

伯 맏 백	ノ イ イ' 佁 佃 伯 伯
	畫伯(화백) : 화가를 높이 부르는 말. 叔伯(숙백) : 아우와 형.
	伯　伯　伯
부수　イ(사람인변)	
획수　총7획	

叔 아재비 숙	ㅣ ㅏ 上 丰 未 未 叔 叔
	堂叔(당숙) : 종숙의 친근한 표현. 外叔母(외숙모) : 외삼촌의 아내.
	叔　叔　叔
부수　又(또우)	
획수　총8획	

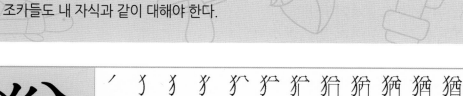

猶 子 比 兒

같을 유　아들 자　견줄 비　아이 아

조카들도 내 자식과 같이 대해야 한다.

猶 같을 유	´ ㇒ ㇒ ㇒ 犭 犭 犭 狋 狋 猶 猶 猶
	猶太教(유태교) : 모세의 율법을 기초로 하는 유태인의 민족 종교.
	猶　猶　猶
부수　犭(개사슴록변)	
획수　총12획	

子 아들 자	ㄱ 了 子
	利子(이자) : 남의 돈을 빌려 쓴 값으로 무는 돈.
	子　子　子
부수　子(아들자)	
획수　총3획	

比 견줄 비	ㄧ ㇏ 上 比
	比較(비교) : 둘 이상의 사물을 견주어 서로 간의 차이점 등을 고찰하는 일.
	比　比　比
부수　比(견줄비)	
획수　총4획	

兒 아이 아	´ ㇒ ㄱ ㄸ ㅌ ㅂ 臼 臾 兒
	孤兒(고아) : 부모 없이 홀로 된 아이.　乳兒(유아) : 젖먹이.
	兒　兒　兒
부수　儿(어진사람인발)	
획수　총8획	

孔懷兄弟

구멍 공　품을 회　맏 형　아우 제

형제는 서로 사랑하며 의좋게 지내야 한다.

孔 구멍 공	ㄱ 了 子 孔
	孔明(공명) : 아주 밝음.　瞳孔(동공) : 눈동자.
	孔 孔 孔
부수　子(아들자)	
획수　총4획	

懷 품을 회	丶 丶 忄 忄 忄 忙 忄 悙 悙 悙 悙 懷 懷 懷 懷 懷
	懷抱(회포) : 마음속에 품은 생각 혹은 정.
	懷 懷 懷
부수　忄(심방변)	
획수　총19획	

兄 맏 형	丨 冂 口 尸 兄
	兄夫(형부) : 언니의 남편.　父兄(부형) : 아버지와 형.
	兄 兄 兄
부수　儿(어진사람인발)	
획수　총5획	

弟 아우 제	丶 丷 弐 弟 弟 弟
	妹弟(매제) : 손아래 누이의 남편.　子弟(자제) : 남의 집안의 젊은 사람을 뜻함.
	弟 弟 弟
부수　弓(활궁)	
획수　총7획	

同 氣 連 枝

한가지 동　기운 기　이어질 연　가지 지

형제는 부모의 기운을 함께 받았으니 나무의 가지와 같다.

同 한가지 동	丨 冂 冃 同 同 同
	同僚(동료) : 같은 일을 함께 하는 사람. 同伴(동반) : 데리고 같이 감.
부수　口(입구) **획수**　총6획	同 同 同

氣 기운 기	ノ 一 一 气 气 气 氕 氣 氣 氣
	感氣(감기) : 코가 막히고 열이 나며 머리가 아픈 호흡 계통의 병.
부수　气(기운기엄) **획수**　총10획	氣 氣 氣

連 이어질 연	一 ㄷ 冂 冃 百 亘 車 車 連 連 連
	連累(연루) : 다른 사람이 저지른 죄에 관련됨. 連結(연결) : 서로 이어 맺음.
부수　辶(책받침) **획수**　총11획	連 連 連

枝 가지 지	一 十 才 木 朾 枝 枝 枝
	竹枝(죽지) : 대나무의 가지. 枝葉(지엽) : 식물의 가지와 잎.
부수　木(나무목) **획수**　총8획	枝 枝 枝

46 交 友 投 分

사귈 교　　벗 우　　던질 투　　나눌 분

친구를 사귈 때에는 서로 분수에 맞는 사람끼리 사귀어야 한다.

交 사귈 교	`ㆍ 亠 六 六 交` 交
	交替(교체) : 사람이나 사물을 다른 사람이나 사물로 바꿈.
	交　交　交
부수　亠(돼지해머리)	
획수　총6획	

友 벗 우	`一 ナ 方 友`
	友好(우호) : 국가나 개인의 사이가 좋음.　友邦(우방) : 가까이 사귀는 나라.
	友　友　友
부수　又(또우)	
획수　총4획	

投 던질 투	`一 十 扌 扌 护 投 投`
	投票(투표) : 선거를 할 때 투표용지에 의견을 써서 일정한 곳에 내는 일.
	投　投　投
부수　扌(재방변)	
획수　총7획	

分 나눌 분	`ノ 八 今 分`
	分明(분명) : 틀림없이, 확실히.　分離(분리) : 서로 나누어서 떨어지게 함.
	分　分　分
부수　刀(칼도)	
획수　총4획	

切磨箴規

끊을 절   갈 마   경계 잠   법 규

열심히 닦고 배워서 서로 경계하며 도리를 지켜야 한다.

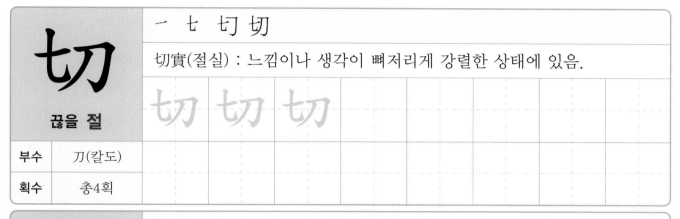

切 끊을 절	一 七 七刀 切
	切實(절실) : 느낌이나 생각이 뼈저리게 강렬한 상태에 있음.

부수	刀(칼도)
획수	총4획

磨 갈 마	一 亠 广 广 庁 庁 庁 庈 麻 麻 麻 磨 磨 磨 磨 磨
	研磨(연마) : 학문이나 기술 등을 갈고 닦음.

부수	石(돌석)
획수	총16획

箴 경계 잠	ノ ト ケ ケ ゲ 竺 竺 箚 箚 箚 箴 箴 箴 箴 箴
	箴言(잠언) : 가르쳐서 훈계하는 말. 箴諫(잠간) : 훈계하여 간함.

부수	竹(대죽)
획수	총15획

規 법 규	一 二 ナ 夫 扫 却 却 担 担 規 規
	規範(규범) : 본보기가 될 만한 제도. 法規(법규) : 법률상의 규정.

부수	見(볼견)
획수	총11획

仁 慈 隱 惻

어질 인　사랑할 자　숨을 은　슬플 측

어진 마음으로 남을 사랑하고 측은히 여겨야 한다.

仁	ノ イ 仁 仁		
어질 인	仁慈(인자) : 어질고 남을 사랑하는 마음.　仁德(인덕) : 어진 덕.		
	仁 仁 仁		
부수　イ(사람인변)			
획수　총4획			

慈	` ゛ ゛ 丷 产 亥 玄 丝 兹 兹 兹 慈 慈 慈		
사랑할 자	慈悲(자비) : 사랑하고 불쌍히 여기는 마음.　慈善(자선) : 선의를 베푸는 일.		
	慈 慈 慈		
부수　心(마음심)			
획수　총13획			

隱	̄ ㇈ ㇈ 阝 阝 阝 阝 阝 阝 阝 阝 阶 阵 隆 隠 隠 隱		
숨을 은	隱遁(은둔) : 세상을 버리고 숨음.　隱匿(은닉) : 숨김, 감춤.		
	隱 隱 隱		
부수　阝(좌부변)			
획수　총17획			

惻	` ゛ 忄 忄 忄 忄 忄 忄 忄 惻 惻 惻		
슬플 측	惻隱(측은) : 딱하고 가엾게 여김.　惻然(측연) : 남을 가엾게 생각하는 모양.		
	惻 惻 惻		
부수　忄(심방변)			
획수　총12획			

造 次 弗 離
지을 조   버금 차   아닐 불   떠날 리

남을 위한 동정심을 잠시라도 잊지 않아야 한다.

造	ノ ← ↑ 牛 牛 告 告 告 浩 造
지을 조	創造(창조) : 처음으로 만듦. 僞造(위조) : 진짜와 비슷하게 가짜를 만듦.
부수 辶(책받침)	造 造 造
획수 총11획	

次	` ニ ブ ガ 汸 次
버금 차	再次(재차) : 거듭, 두 차례째. 將次(장차) : 앞으로.
부수 欠(하품흠)	次 次 次
획수 총6획	

弗	ㄱ ㄱ ㄱ 弓 弗 弗
아닐 불	弗素(불소) : 할로겐 원소의 하나.
부수 弓(활궁)	弗 弗 弗
획수 총5획	

離	` 亠 亠 文 卤 卤 卤 卨 离 离 离 离 离 离 离ᐟ 離 離
떠날 리	距離(거리) : 물건이나 장소 등이 공간적으로 떨어진 길이.
부수 佳(새추)	離 離 離
획수 총19획	

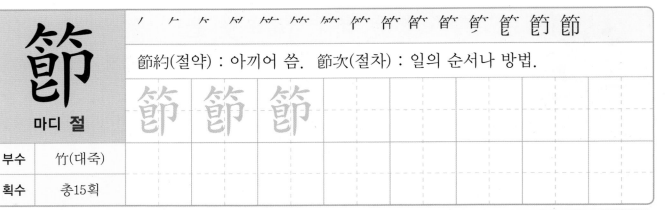

48 節義廉退

마디 절　옳을 의　청렴 렴(염)　물러날 퇴

절개와 의리, 청렴과 사양함의 자세를 항상 가져야 한다.

節 마디 절	ノ ト ト ト 世 竹 竹 竹 竹 笳 箭 箭 節 節 節	
	節約(절약) : 아끼어 씀.　節次(절차) : 일의 순서나 방법.	
	節 節 節	
부수 竹(대죽)		
획수 총15획		

義 옳을 의	丶 丷 놋 놋 놋 羊 羊 差 羊 義 義 義	
	意義(의의) : 의미나 뜻, 가치를 말함.　信義(신의) : 믿음과 의리를 뜻함.	
	義 義 義	
부수 羊(양양)		
획수 총13획		

廉 청렴 렴(염)	` 亠 广 广 广 庐 庐 庐 庐 庐 庫 庫 廉 廉	
	廉恥(염치) : 남에게 신세를 질 때 드는 부끄럽고 미안한 마음.	
	廉 廉 廉	
부수 广(엄호)		
획수 총13획		

退 물러날 퇴	一 コ ㅋ 艮 艮 艮 艮 退 退 退	
	進退(진퇴) : 나아감과 물러남.　後退(후퇴) : 뒤로 물러남.	
	退 退 退	
부수 辶(책받침)		
획수 총10획		

顚 沛 匪 虧

엎드러질 전 자빠질 패　아닐 비　이지러질 휴

엎어지고 넘어져도 흐트러지지 않는다.

顚	一 匚 匚 匚 匤 匡 匤 眞 眞 眞 眞 眞 顚 顚 顚 顚 顚
엎드러질 전	顚末(전말) : 처음부터 끝까지 일이 진행되어 온 경과.
	顚 顚 顚
부수　頁(머리혈)	
획수　총19획	

沛	丶 丶 氵 氵 沪 沪 沛
자빠질 패	顚沛(전패) : 엎어지고 자빠짐.
	沛 沛 沛
부수　氵(삼수변)	
획수　총7획	

匪	一 丁 丆 丯 丯 丯 丯 丯 匪 匪
아닐 비	匪賊(비적) : 무리 지어 다니면서 살인과 약탈을 일삼는 도둑.
	匪 匪 匪
부수　匚(튼입구몸)	
획수　총10획	

虧	丨 丨 丨 广 户 虍 虍 虍 虍 虍 虖 虖 虧 虧 虧 虧 虧
이지러질 휴	初虧(초휴) 일식이나 월식으로 태양이나 달이 이지러지기 시작하는 일.
	虧 虧 虧
부수　虍(범호엄)	
획수　총17획	

49 性 靜 情 逸
성품 성　고요할 정　뜻 정　편안할 일

성품이 고요하면 마음이 편안하다.

性	` ` ` ` ` ` ` ` 性 性
성품 성	性質(성질) : 본디부터 가지고 있는 마음의 바탕.
	性　性　性
부수　忄(심방변)	
획수　총8획	

靜	一 二 キ 主 丰 青 青 青 青 青 靑 靑 靑 靜 靜 靜
고요할 정	冷靜(냉정) : 감정에 사로잡히지 않고 차분한 상태.
	靜　靜　靜
부수　靑(푸를청)	
획수　총16획	

情	` ` ` ` ` ` 情 情 情 情 情
뜻 정	情緖(정서) : 사람의 마음에 일어나는 여러 가지 감정.
	情　情　情
부수　忄(심방변)	
획수　총11획	

逸	ノ ク ク 彳 彳 色 兔 免 兔 兔 逸 逸 逸
편안할 일	逸話(일화) : 아직 세상에 알려지지 않은 이야기.
	逸　逸　逸
부수　辶(책받침)	
획수　총12획	

心 動 神 疲

마음 심   움직일 동   귀신 신   피곤할 피

마음이 흔들리면 정신도 피곤해진다.

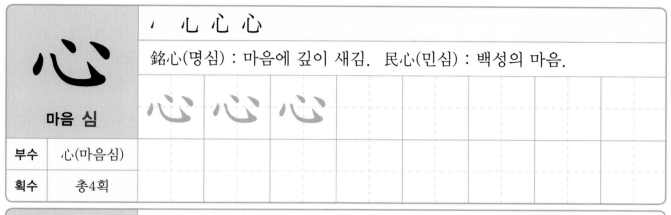

心	＇ 心 心 心
	銘心(명심) : 마음에 깊이 새김. 民心(민심) : 백성의 마음.
마음 심	心 心 心

부수	心(마음심)
획수	총4획

動	一 二 〒 千 斤 斤 首 盲 重 重 動 動
	活動(활동) : 기운차게 움직이는 일. 煽動(선동) : 남을 부추겨 행동하게 함.
움직일 동	動 動 動

부수	力(힘력)
획수	총11획

神	一 二 亍 亓 亓 亓 初 初 神 神
	精神(정신) : 마음이나 생각. 神奇(신기) : 신묘하고 기이함.
귀신 신	神 神 神

부수	示(보일시)
획수	총10획

疲	＇ 一 广 广 疒 疒 疒 疒 疲 疲
	疲困(피곤) : 몸과 마음이 지치어 고달픔.
피곤할 피	疲 疲 疲

부수	疒(병질엄)
획수	총10획

50 守 眞 志 滿

지킬 수 참 진 뜻 지 찰 만

사람의 참된 마음을 지키면 뜻이 충만하게 된다.

守 **지킬 수**	` ' ' ' ' 宀 宀 守 守			
	守護(수호) : 지키고 보호함. 遵守(준수) : 규칙이나 명령 등을 좇아서 지킴.			
	守	守	守	
부수 宀(갓머리)				
획수 총6획				

眞 **참 진**	一 ⊢ 上 ⼘ 旨 旨 旨 眞 眞 眞			
	眞實(진실) : 거짓이 아닌 사실. 眞情(진정) : 진실하여 애틋한 마음.			
	眞	眞	眞	
부수 目(눈목)				
획수 총10획				

志 **뜻 지**	一 十 士 ⼟ 志 志 志			
	意志(의지) : 어떤 일을 해내거나 이루려는 마음의 상태.			
	志	志	志	
부수 心(마음심)				
획수 총7획				

滿 **찰 만**	` ` ` 氵 氵 广 氵 氵 氵 滿 滿 滿 滿 滿			
	滿足(만족) : 마음이 흡족함. 滿了(만료) : 기한이 다 차서 끝남.			
	滿	滿	滿	
부수 氵(삼수변)				
획수 총14획				

逐 物 意 移

쫓을 축　만물 물　뜻 의　옮길 이

물건을 탐내면 평온하던 마음도 변한다.

逐 쫓을 축	一 ｢ ｢ 丁 丂 豕 豕 豕 涿 涿 逐
	逐出(축출) : 쫓아내거나 몰아냄.　放逐(방축) : 자리에서 쫓아냄.
	逐　逐　逐
부수 辶(책받침)	
획수 총11획	

物 만물 물	ノ ｰ 牛 牛 牛 牜 物 物 物
	建物(건물) : 살거나 일을 하기 위해 사람이 지은 집.
	物　物　物
부수 牛(소우)	
획수 총8획	

意 뜻 의	｀ 亠 亠 立 咅 咅 音 音 音 苦 意 意 意
	弔意(조의) : 죽은 이를 슬퍼하는 마음.　合意(합의) : 서로 뜻이 맞음.
	意　意　意
부수 心(마음심)	
획수 총13획	

移 옮길 이	｀ ｰ 千 千 禾 禾 利 移 移 移 移
	移動(이동) : 움직여 자리를 바꿈.　移徙(이사) : 집을 옮김.
	移　移　移
부수 禾(벼화)	
획수 총11획	

1 다음 한자에 해당하는 낱말을 한글로 써 보세요.

1) 우리가 맡은 作業은 쓰레기를 옮기는 일이었다.

☐☐

2) 溪谷의 물줄기가 아름다워요!

☐☐

3) 美人의 기준은 나라마다 다르답니다.

☐☐

4) 나는 그 결과가 매우 滿足스러웠다.

☐☐

5) 환절기에는 感氣를 조심하세요.

☐☐

6) 실력 向上을 위해 매일 노력하고 있습니다.

☐☐

7) 고모의 아들과 딸을 姑從四寸이라고 합니다.

☐☐☐☐

정답

1) 작업 2) 계곡 3) 미인 4) 만족 5) 감기 6) 향상 7) 고종사촌

② 아래 훈(訓:뜻)과 음(音:소리)에 해당하는 한자를 선으로 연결해 보세요.

1) 움직일 동 •   • 造

2) 마음 심 •   • 心

3) 지을 조 •   • 動

4) 어미 모 •   • 初

5) 처음 초 •   • 母

③ 밑줄 친 낱말의 한자를 보기에서 찾아 번호를 쓰세요.

보기 ▶ ①寶物 ②弟子 ③習慣 ④河川 ⑤端正

1) 등교할 때는 옷차림을 <u>단정</u>히 합니다. ☐

2) 나쁜 <u>습관</u>은 빨리 고쳐야 해요. ☐

3) 나의 <u>보물</u> 1호는 부모님께 선물 받은 인형이에요. ☐

4) <u>하천</u>이 오염되어 많은 물고기들이 죽었습니다. ☐

5) 가르침을 받는 <u>제자</u>는 스승을 존경해야 해요. ☐

3.1) ⑤ 2) ③ 3) ① 4) ④ 5) ②

2.1) 움직일 동:動 2) 마음 심:心 3) 지을 조:造 4) 어미 모:母 5) 처음 초:初

51 堅持雅操

굳을 견 가질 지 우아할 아 지조 조

맑은 절개와 지조를 굳게 가지고 있어야 한다.

堅 굳을 견

一 丁 F F 臣 臣 臤 臤 堅 堅 堅

堅實(견실) : 생각이나 태도가 확실하고 믿음직스러움.

堅 堅 堅

| 부수 | 土(흙토) |
| 획수 | 총11획 |

持 가질 지

一 十 扌 扩 扩 护 持 持 持

維持(유지) : 어떤 상태나 상황을 그대로 버티어 감.

持 持 持

| 부수 | 扌(재방변) |
| 획수 | 총9획 |

雅 우아할 아

一 丁 互 牙 牙 邪 邪 邪 邪 雅 雅

雅量(아량) : 너그럽고 깊은 도량. 雅淡(아담) : 크지 않고 산뜻함.

雅 雅 雅

| 부수 | 隹(새추) |
| 획수 | 총12획 |

操 지조 조

一 十 扌 扩 扩 扩 护 护 押 捫 捫 撮 撮 操 操

操作(조작) : 기계 등을 일정한 방식으로 움직여 작업함.

操 操 操

| 부수 | 扌(재방변) |
| 획수 | 총16획 |

好 爵 自 縻

좋을 호   벼슬 작   스스로 자   얽을 미

군자의 도리를 굳게 지키면 좋은 벼슬을 스스로 얻게 된다.

好

좋을 호

丶 丈 女 好 好 好

好轉(호전) : 어떤 일이 잘 되어가기 시작함.

好 好 好

부수	女(계집녀)
획수	총6획

爵

벼슬 작

丿 ー ー ー ー ー ー ー 爫 爫 爫 爫 爵 爵

爵位(작위) : 벼슬과 지위. 爵祿(작록) : 벼슬과 녹봉.

爵 爵 爵

부수	爪(손톱조)
획수	총18획

自

스스로 자

丶 丨 白 白 自 自

自由(자유) 다른 사람의 구속을 받지 않고 자기 마음대로 함.

自 自 自

부수	自(스스로자)
획수	총6획

縻

얽을 미

丶 一 广 广 广 庐 庐 庐 麻 麻 麻 縻 縻 縻

繫縻(계미) : 붙잡아 얽어맴.

縻 縻 縻

부수	糸(실사)
획수	총17획

52 都邑華夏

도읍 도 　 고을 읍 　 빛날 화 　 여름 하

왕성의 도읍을 화하에 정하였다. 화하는 당시 중국을 칭하는 말이다.

都

도읍 도

一 十 土 耂 耂 者 者 者 者 者⁷ 都 都

都市(도시) : 정치·경제·문화의 중심이 되는 사람이 많이 사는 일정한 지역.

都 都 都

부수	阝(우부방)
획수	총12획

邑

고을 읍

丨 冂 口 尸 吕 吕 邑

都邑地(도읍지) : 도읍으로 삼은 곳.　邑內(읍내) : 읍의 구역 안.

邑 邑 邑

부수	邑(고을읍)
획수	총7획

華

빛날 화

一 十 艹 艹 苹 苹 苹 苹 莕 莕 華

華麗(화려) : 빛나고 아름다움.　豪華(호화) : 사치스럽고 화려함.

華 華 華

부수	艹(초두머리)
획수	총12획

夏

여름 하

一 丆 厂 百 百 百 頁 夏 夏 夏

夏服(하복) : 여름 옷.　夏冬(하동) : 여름과 겨울.

夏 夏 夏

부수	夂(천천히걸을쇠발)
획수	총10획

東西二京

동녘 동   서녘 서   두 이   서울 경

동과 서에 두 서울이 있으니 동쪽 서울은 낙양이고 서쪽 서울은 장안이다.

東

동녘 동

一 ｢ ｢ ｢ ｢ ｢ 声 車 東

東方(동방) : 동쪽, 동쪽 지방.   東海 (동해) : 동쪽 바다.

東 東 東

부수	木(나무목)
획수	총8획

西

서녘 서

一 ｢ ｢ 兀 两 西 西

西方(서방) : 서쪽, 서쪽에 있는 지방.   西海 (서해) : 서쪽에 있는 바다.

西 西 西

부수	襾(덮을아)
획수	총6획

二

두 이

一 二

二重(이중) : 중복, 거듭함.   二十(이십) : 스물.

二 二 二

부수	二(두이)
획수	총2획

京

서울 경

` 亠 亠 古 古 宁 亨 京 京

京畿(경기) : 서울을 중심으로 한 가까운 주위의 지방.

京 京 京

부수	亠(돼지해머리)
획수	총8획

동쪽 서울은 북으로 북망산이 있고 남으로 낙천이 있다.

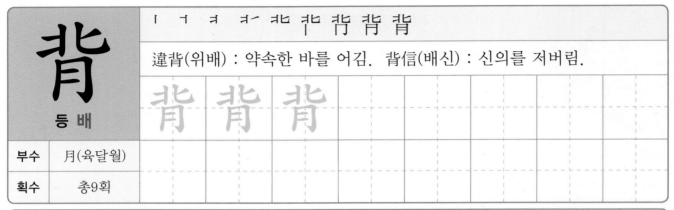

背
등 배

부수	月(육달월)
획수	총9획

丨 ⺊ ⺧ ⺧ 北 背 背 背 背

違背(위배) : 약속한 바를 어김. 背信(배신) : 신의를 저버림.

背 背 背

邙
산이름 망

부수	阝(우부방)
획수	총6획

丶 亠 亡 亡 邙 邙

北邙山(북망산) : 묘지가 있는 곳이나 사람이 죽어서 가는 곳.

邙 邙 邙

面
낯 면

부수	面(낯면)
획수	총9획

一 丆 丆 百 面 面 面 面 面

局面(국면) : 일이 되어 나가는 상태. 面接(면접) : 얼굴을 마주보고 직접 만남.

面 面 面

洛
강이름 락

부수	氵(삼수변)
획수	총9획

丶 丶 氵 汐 汐 汐 汐 洛 洛

洛水(낙수) : 중국에 있는 강 이름.

洛 洛 洛

浮 渭 據 涇

뜰 부   강이름 위   의거할 거   통할 경

위수는 떠 있고 경수는 눌려 있으니 장안은 서북쪽에 위천과 경수 두 물줄기가 있다.

浮	` ` ` 氵 氵 汀 汀 浮 浮 浮 浮
뜰 부	浮上(부상) : 물 위로 떠오르는 것. 浮刻(부각) : 어떤 사물을 특징지어 두드러지게 함.
	浮 浮 浮
부수 氵(삼수변)	
획수 총10획	

渭	` ` ` 氵 氵 汀 沪 渭 渭 渭 渭 渭 渭
강이름 위	渭水(위수) : 중국에 있는 강 이름.
	渭 渭 渭
부수 氵(삼수변)	
획수 총12획	

據	ー 十 扌 扌 扩 扩 护 护 护 挦 挦 挦 挦 據 據 據
의거할 거	占據(점거) : 일정한 자리를 점령하는 일. 據點(거점) : 활동의 발판이 되는 곳.
	據 據 據
부수 扌(재방변)	
획수 총16획	

涇	` ` ` 氵 汇 汇 汉 汉 汉 涇 涇
통할 경	涇渭(경위) : 사리의 옳고 그름이나 이러하고 저러함에 대한 분별.
	涇 涇 涇
부수 氵(삼수변)	
획수 총10획	

54

宮殿盤鬱

집 궁 큰집 전 서릴 반 우거질 울

궁전은 울창한 나무 사이에 정했다.

宮	ﾞ ﾞ ﾞ 宀 宀 宀 宮 宮 宮 宮		
	宮女(궁녀) : 궁궐 안에서 왕과 왕비를 가까이 모시는 내명부를 뜻함.		
집 궁	宮	宮	宮
부수	宀(갓머리)		
획수	총10획		

殿	ﾞ ﾞ 尸 尸 尸 屉 屉 屄 屄 屄 屄 殿 殿		
	大殿(대전) : 임금이 거처하는 궁전. 內殿(내전) : 왕비가 거처하는 전각.		
큰집 전	殿	殿	殿
부수	殳(갖은등글월문)		
획수	총13획		

盤	ﾞ ﾉ 几 凡 月 舟 舟 舟 舡 般 般 般 盤 盤 盤		
	基盤(기반) : 사물의 밑바탕. 地盤(지반) : 땅의 표면.		
서릴 반	盤	盤	盤
부수	皿(그릇명)		
획수	총15획		

鬱	ﾞ 木 朻 栌 栌 椔 椔 椔 椔 楸 樷 樷 樷 樷 鬱 鬱 鬱 鬱		
	憂鬱(우울) : 마음이 어둡고 가슴이 답답한 상태.		
우거질 울	鬱	鬱	鬱
부수	鬯(울창주창)		
획수	총29획		

樓 觀 飛 驚

다락 루(누)　볼 관　날 비　놀랄 경

궁전의 망루는 높아서 올라가면 나는 듯하여 놀란다.

樓

다락 루(누)

부수	木(나무목)
획수	총15획

一 十 十 木 村 村 柎 柈 柈 桿 椙 棡 樓 樓 樓

望樓(망루) : 주위의 동정을 살피기 위해 세운 높은 대.

樓 樓 樓

觀

볼 관

부수	見(볼견)
획수	총25획

一 廾 廾 芇 芇 芦 芦 萨 萑 瞿 雚 觀 觀 觀 觀 觀

觀客(관객) : 영화나 연극 등의 무대 공연을 구경하는 사람.

觀 觀 觀

飛

날 비

부수	飛(날비)
획수	총9획

乀 乀 乀 飞 飞 飛 飛 飛 飛

飛行(비행) : 공중으로 날아서 감.　飛龍(비룡) : 하늘을 나는 용.

飛 飛 飛

驚

놀랄 경

부수	馬(말마)
획수	총23획

一 廾 芦 芍 芍 苟 苟 苟攵 敬攵 敬 驚 驚 驚 驚 驚 驚 驚

驚愕(경악) : 소스라치게 깜짝 놀람.　驚異(경이) : 놀랍고 신기한 일.

驚 驚 驚

55

圖 寫 禽 獸

그림 도   베낄 사   새 금   짐승 수

궁전 내부에는 새와 짐승을 그림으로 장식되어 있다.

圖 그림 도	丨 冂 冂 冃 冃 冊 冊 冊 冊 圖 圖 圖 圖 圖
	試圖(시도) : 어떤 것을 이루기 위해 계획하거나 행동함.
	圖 圖 圖
부수 囗(큰입구몸)	
획수 총14획	

寫 베낄 사	' ' 宀 宀 宀 宇 宇 宇 宵 寫 寫 寫 寫 寫
	描寫(묘사) : 사물을 언어로 서술하거나 그림으로 그려서 표현함.
	寫 寫 寫
부수 宀(갓머리)	
획수 총15획	

禽 새 금	丿 人 人 今 今 今 念 念 念 念 禽 禽 禽
	禽獲(금획) : 새나 날짐승을 사로잡음.
	禽 禽 禽
부수 内(짐승발자국유)	
획수 총13획	

獸 짐승 수	丨 丨 口 口 吅 吅 閊 閊 閊 單 單 單 單 閗 獸 獸
	猛獸(맹수) : 사자나 호랑이 따위의 주로 육식을 하는 사나운 짐승.
	獸 獸 獸
부수 犬(개견)	
획수 총19획	

畫彩仙靈

그림 화　채색 채　신선 선　신령 령

신선과 신령의 그림도 화려하게 채색되어 있다.

畫 그림 화	ㄱ ㄱ ㅋ ㅋ 聿 聿 聿 書 書 書 書 書 書
	漫畫(만화) : 이야기 따위를 간결하고 익살스럽게 그린 그림.
	畫 畫 畫
부수　田(밭 전)	
획수　총13획	

彩 채색 채	⼃ ⺋ ⺋ ⺋ 罒 平 采 采 彩 彩 彩
	彩色(채색) : 그림에 색깔을 칠함.
	彩 彩 彩
부수　彡(터럭삼)	
획수　총11획	

仙 신선 선	⼃ ⼻ 刋 仙 仙
	神仙(신선) : 도를 닦아서 인간 세계를 떠나 자연과 벗하며 산다는 상상의 사람.
	仙 仙 仙
부수　亻(사람인변)	
획수　총5획	

靈 신령 령	一 厂 戶 戶 币 雨 雨 雨 雷 雷 雷 霝 霝 霝 霝 霝 靈 靈
	妄靈(망령) : 늙거나 정신이 흐려서 말이나 행동이 정상을 벗어남.
	靈 靈 靈
부수　雨(비 우)	
획수　총24획	

56

丙舍傍啓

남녘 병　집 사　곁 방　열 계

병사들의 문은 궁전 내로 편리하게 오가도록 열려 있다.

丙
남녘 병

一 厂 丙 丙 丙

丙子胡亂(병자호란) : 조선 인조 14년에 청나라가 침입한 난리.

丙　丙　丙

부수　一(한일)

획수　총5획

舍
집 사

丿 人 𠆢 𠆢 𠆢 舍 舍 舍

廳舍(청사) : 관청의 건물.

舍　舍　舍

부수　舌(혀설)

획수　총8획

傍
곁 방

丿 亻 亻 𠁥 𠁥 𠁥 𠁥 傍 傍 傍 傍 傍

傍聽(방청) : 직접적인 관계가 없는 사람이 회의나 토론 등에 참석해 들음.

傍　傍　傍

부수　亻(사람인변)

획수　총12획

啓
열 계

丶 亐 亐 戶 戶 戶 戶 啓 啓 啓 啓

啓發(계발) : 슬기와 재능을 열어 깨우쳐 줌.

啓　啓　啓

부수　口(입구)

획수　총11획

甲 帳 對 楹

갑옷 갑　　휘장 장　　마주볼 대　　기둥 영

아름다운 휘장은 큰 기둥을 마주 보며 둘러 있다.

甲

갑옷 갑

丨 冂 日 日 甲

遁甲(둔갑) : 재주를 부려 변신하는 술법.　堅甲(견갑) : 튼튼하게 만든 갑옷.

甲 甲 甲

부수	田(밭전)
획수	총5획

帳

휘장 장

丨 冂 巾 忖 忖 忻 忻 忻 帳 帳 帳

帳簿(장부) : 금품의 수입, 지출을 기록하는 책.

帳 帳 帳

부수	巾(수건건)
획수	총11획

對

마주볼 대

丨 丨 丬 丵 业 业 业 业 丵 丵 丵 對 對

對備(대비) : 어떠한 일에 대응할 준비를 함.

對 對 對

부수	寸(마디촌)
획수	총14획

楹

기둥 영

一 十 十 才 朴 朽 杦 枂 柽 柽 栙 楹 楹

丹楹(단영) : 붉게 칠한 기둥.　軒楹(헌영) : 마루의 기둥.

楹 楹 楹

부수	木(나무목)
획수	총13획

57 肆筵設席

늘어놓을 사　자리 연　베풀 설　자리 석

자리를 베풀고 돗자리를 펼쳐 놓아 연회장을 만들었다.

肆	l Γ Γ F F 肀 肀 肀 肀 肀 肀 肀 肆
늘어놓을 사	肆惡(사악) : 악한 성질을 함부로 부림.　驕肆(교사) : 교만하고 방자함.
	肆　肆　肆
부수　聿(붓율)	
획수　총13획	

筵	ノ ト 竹 竹 竹 竹 竹 竹 竹 筵 筵 筵 筵
자리 연	祝筵(축연) : 축하하는 모임의 자리.　恩筵(은연) : 임금이 베풀어 주는 주연.
	筵　筵　筵
부수　竹(대죽)	
획수　총13획	

設	` 一 三 言 言 言 言 言 設 設 設
베풀 설	設立(설립) : 시설이나 법인 등 공적인 기관을 만듦.
	設　設　設
부수　言(말씀언)	
획수　총11획	

席	` 一 广 广 庐 庐 庐 庐 席 席
자리 석	出席(출석) : 어떤 자리에 참석함.　着席(착석) : 자리에 앉음.
	席　席　席
부수　巾(수건건)	
획수　총10획	

鼓瑟吹笙

북 고　비파 슬　불 취　생황 생

북을 치고 비파를 뜯고 생황을 부니 잔치하는 풍류이다.

鼓
북 고

一 十 土 吉 吉 吉 吉 吉 亨 壴 鼓 鼓 鼓

鼓舞(고무) : 북을 치고 춤을 춤, 힘을 내도록 격려하여 용기를 북돋움.

鼓 鼓 鼓

부수	鼓(북고)
획수	총13획

瑟
비파 슬

一 二 于 王 玒 玒 玤 珏 珏 珡 瑟 瑟 瑟

清瑟(청슬) : 맑은 거문고 소리.　瑟瑟(슬슬) : 우수수하여 쓸쓸하고 적막함.

瑟 瑟 瑟

부수	王(구슬옥변)
획수	총13획

吹
불 취

丨 冂 口 吖 吹 吹 吹

鼓吹(고취) : 용기와 기운을 북돋우어 일으킴.

吹 吹 吹

부수	口(입구)
획수	총7획

笙
생황 생

丿 𠂉 𥫗 𥫗 竺 竺 竺 竺 笙 笙

笙簧(생황) : 아악에 쓰는 관악기 중 하나.

笙 笙 笙

부수	竹(대죽)
획수	총11획

58

陞 階 納 陛

오를 승　　섬돌 계　　바칠 납　　섬돌 폐

임금께 납폐하는 절차는 문무백관이 계단을 올라야 한다.

陞	７ ３ ３ ３ ３ ³ ³ 阡 陞 陞 陞
오를 승	陞等(승등) : 벼슬 등급이 오름.　陞爵(승작) : 작위를 올리는 일.
	陞　陞　陞
부수　阝(좌부변)	
획수　총10획	

階	７ ３ ³ ³ ³ ³ ³ ³ ³ ³ ³ 階 階 階
섬돌 계	段階(단계) : 일의 차례를 따라 나아가는 과정.
	階　階　階
부수　阝(좌부변)	
획수　총12획	

納	´ ￹ ￿ ￿ 糸 糸 糹 紒 納 納
바칠 납	容納(용납) : 너그러운 마음으로 남의 언행을 받아들임.
	納　納　納
부수　糸(실사)	
획수　총10획	

陛	７ ３ ³ ³ ³ ³ ³ ³ 陛 陛
섬돌 폐	陛下(폐하) : 황제나 황후에 대한 경칭.
	陛　陛　陛
부수　阝(좌부변)	
획수　총10획	

弁轉疑星

고깔 변 구를 전 의심할 의 별 성

백관들이 쓴 관의 구슬이 별처럼 반짝인다.

弁 고깔 변	㇓ ㇒ ㇒ 弁 弁
	弁韓(변한) : 삼한의 하나.
	弁 弁 弁
부수 廾(스물입발)	
획수 총5획	

轉 구를 전	一 ㄇ 亓 百 亘 車 車 車 軒 軒 軒 軒 軩 軩 轉 轉
	轉嫁(전가) : 허물이나 책임 따위를 남에게 넘겨씌움.
	轉 轉 轉
부수 車(수레거)	
획수 총18획	

疑 의심할 의	㇒ ヒ 匕 ㇏ 乵 乵 乷 乷 乷 乷 乷 乷 乷 疑
	疑惑(의혹) : 의심하여 수상하게 여김.
	疑 疑 疑
부수 疋(짝필)	
획수 총14획	

星 별 성	丨 冂 日 日 旦 尸 尸 旱 星 星
	恒星(항성) : 늘 같은 자리에 있는 것처럼 보이는 별.
	星 星 星
부수 日(날일)	
획수 총9획	

59

右通廣內

오른 우　통할 통　넓을 광　안 내

궁전의 오른편은 광내전으로 통한다. 광내전은 책과 문서 등을 보관하던 곳이다.

右 오른 우	ナ ナ 右 右
	右議政(우의정) : 조선 시대 의정부의 정1품 벼슬.　右手(우수) : 오른손.
부수 口(입구)	右 右 右
획수 총5획	

通 통할 통	゛ ゛ ゛ 冈 宥 甬 甬 通 通 通 通
	通過(통과) : 어떤 곳이나 때를 통하여 지나가거나 옴.
부수 辶(책받침)	通 通 通
획수 총11획	

廣 넓을 광	丶 亠 广 广 广 庐 庐 庐 庐 庐 庐 庐 廣 廣 廣
	廣場(광장) : 너른 마당이나 빈터.　廣野(광야) : 아득하게 너른 벌판.
부수 广(엄호)	廣 廣 廣
획수 총15획	

內 안 내	丨 冂 内 內
	國內(국내) : 나라의 안.　內需(내수) : 국내에서의 수요.
부수 入(들입)	內 內 內
획수 총4획	

左 達 承 明

왼 좌   통달할 달   이을 승   밝을 명

궁전의 왼편은 승명려로 통한다. 승명려는 학자들이 고전과 기록물을 교열하던 곳이다.

左	一 ナ ナ 左 左
왼 좌	左遷(좌천) : 관리가 높은 자리에서 낮은 자리로 떨어짐. 左 左 左
부수	工(장인공)
획수	총5획

達	一 十 土 キ 卉 圭 査 查 幸 幸 幸 達 達
통달할 달	達成(달성) : 목적한 바를 이룸. 到達(도달) : 목적한 데에 미침. 達 達 達
부수	辶(책받침)
획수	총13획

承	⁻ 了 了 手 手 承 承 承
이을 승	繼承(계승) : 조상이나 전임자의 뒤를 이어받음. 承 承 承
부수	手(손수)
획수	총8획

明	丨 冂 日 日 日 明 明 明
밝을 명	透明(투명) : 흐리지 않고 속까지 환히 트여 밝음. 明 明 明
부수	日(날일)
획수	총8획

60

旣 集 墳 典

이미 기　모을 집　무덤 분　법 전

이미 삼분과 오전의 옛 서적을 모아 놓았다. 삼황의 글은 삼분이며 오제의 글은 오전이다.

旣 이미 기	´ ⌐ ⌐ 白 白 自 鱼 䑕 卽 旣
	旣存(기존) : 이미 존재함.　旣定(기정) : 이미 정함.
	旣　旣　旣
부수　无(이미기방)	
획수　총11획	

集 모을 집	´ ⌐ ⌐ ⌐ ⌐ ⌐ 隹 隹 隹 隼 集 集
	募集(모집) : 사람이나 물품을 일정한 조건 아래 널리 구하여 모음.
	集　集　集
부수　隹(새추)	
획수　총12획	

墳 무덤 분	ー 十 土 圹 圹 圹 埍 埍 埍 坿 墳 墳 墳 墳 墳
	古墳(고분) : 고대의 무덤.　封墳(봉분) : 흙을 쌓아 올려 무덤을 만듦.
	墳　墳　墳
부수　土(흙토)	
획수　총15획	

典 법 전	ㅣ ⌐ ⌐ ⌐ ⌐ 曲 曲 典 典
	事典(사전) : 여러 가지 사항을 모아 일정한 순서로 배열하고 해설을 붙인 책.
	典　典　典
부수　八(여덟팔)	
획수　총8획	

亦 聚 群 英

또 역   모을 취   무리 군   꽃부리 영

또한 여러 영웅을 모아 분전을 강론하여 나라를 다스리는 도를 밝혔다.

亦

또 역

ㆍ 亠 广 方 方 亦

亦是(역시) : 마찬가지로. 其亦(기역) : 그 역시.

亦 亦 亦

부수	亠(돼지해머리)
획수	총6획

聚

모을 취

一 一 一 一 一 一 耳 耶 取 取 聚 聚 聚 聚

聚合(취합) : 모아서 합침. 積聚(적취) : 쌓아서 모임.

聚 聚 聚

부수	耳(귀이)
획수	총14획

群

무리 군

フ ㄱ ㅋ 尹 尹 君 君 君 君 群 群 群 群

群衆(군중) : 한 곳에 무리 지어 모여 있는 사람들.

群 群 群

부수	羊(양양)
획수	총13획

英

꽃부리 영

一 十 十 艹 艹 芇 苩 英 英

英雄(영웅) : 지혜와 재능이 뛰어나고 용맹하여 어려운 일을 해내는 사람.

英 英 英

부수	艹(초두머리)
획수	총9획

61 杜藁鍾隷

막을 두　볏짚 고　쇠북 종　글씨 례

초서를 처음으로 쓴 두고와 예서를 쓴 종례의 글도 비치되었다.

杜 막을 두	一 十 才 木 杜 杜 杜
	杜絕(두절) : 교통이나 통신 따위가 막히거나 끊어짐.
	杜　杜　杜
부수　木(나무목)	
획수　총7획	

藁 볏짚 고	一 十 才 芒 茅 芦 芦 芦 芦 芦 芦 蒿 蒿 薘 藁 藁 藁
	藁細工(고세공) : 짚을 재료로 하는 공예.
	藁　藁　藁
부수　艹(초두머리)	
획수　총18획	

鍾 쇠북 종	丿 亻 人 ← 牟 牟 牟 金 釒 釕 釘 釘 鈤 鍾 鍾
	茶鍾(차종) : 차를 따라 마시는 종지.
	鍾　鍾　鍾
부수　金(쇠금)	
획수　총17획	

隷 글씨 례	一 十 才 木 朿 李 杏 杏 杏 㣤 㣤 㣤 隷 隷 隷 隷
	隷書(예서) : 한자 서체의 하나. 전서의 번잡함을 생략하여 만든 글씨.
	隷　隷　隷
부수　隶(미칠이)	
획수　총17획	

漆書壁經

옻칠할 칠   글씨 서   벽 벽   경서 경

한나라 영제가 돌벽에서 발견한 서골과 공자가 발견한 육경도 비치되었다.

漆
옻칠할 칠

`丶 丶 氵 氵 氵 汁 汁 浐 浐 洙 漆 漆 漆 漆 漆`

漆器(칠기) : 옻칠을 하여 아름답게 만든 기물이나 그릇.

부수	氵(삼수변)
획수	총14획

書
글씨 서

`フ ユ �ヨ ⺕ 聿 聿 書 書 書 書`

讀書(독서) : 책의 내용과 뜻을 헤아리면서 읽는 것.

부수	日(가로왈)
획수	총10획

壁
벽 벽

`フ コ P P' P P P P' P' P' P' P' 壁 壁 壁`

壁畫(벽화) : 건물이나 무덤 따위의 벽에 그린 그림.

부수	土(흙토)
획수	총16획

經
경서 경

`丶 幺 幺 幺 糸 糸 糸 絅 絅 經 經 經 經`

經營(경영) : 계획을 세워 사업을 해 나감.

부수	糸(실사)
획수	총13획

府

마을 부

`丶 亠 广 广 庁 庁 府 府`

京府(경부) : 서울.　府署(부서) : 관청의 옛 이름.

府 府 府

| 부수 | 广(엄호) |
| 획수 | 총8획 |

羅

벌릴 라

`丨 冂 冎 冎 罒 罒 罗 罗 罙 絅 絅 絅 絅 絅 羄 羄 羅 羅`

綺羅星(기라성) : 신분이 높거나 권력, 명예를 가지고 있는 사람이 모여 있는 것을 비유.

羅 羅 羅

| 부수 | 罒(그물망머리) |
| 획수 | 총19획 |

將

장수 장

`丨 丬 丬 丬 非 將 將 將 將 將 將`

將帥(장수) : 군사를 거느리는 우두머리.

將 將 將

| 부수 | 寸(마디촌) |
| 획수 | 총11획 |

相

서로 상

`一 十 才 木 机 相 相 相 相`

相當(상당) : 일정한 액수나 수치 등을 말함.

相 相 相

| 부수 | 目(눈목) |
| 획수 | 총9획 |

路 夾 槐 卿

길 로(노)   낄 협   회화나무 괴   벼슬 경

큰길을 끼고 대신들의 집이 늘어서 있다.

路	ㅣ ㄇ ㅁ ㅁ 묘 묘 ㄹ 趵 趵 跻 路 路 路
길 로(노)	經路(경로) : 지나가는 길. 岐路(기로) : 여러 가래로 갈린 길.
	路 路 路
부수 足(발족)	
획수 총13획	

夾	一 厂 厃 厼 夾 夾 夾
낄 협	夾路(협로) : 큰 길거리에서 갈려 나간 좁은 길.
	夾 夾 夾
부수 大(큰대)	
획수 총7획	

槐	一 十 十 才 木 ㅏ木 ㅏ木 ㅏ木 栌 柙 栅 槐 槐 槐
회화나무 괴	槐枝(괴지) : 회화나무의 가지.
	槐 槐 槐
부수 木(나무목)	
획수 총14획	

卿	´ ㅓ ㅏ 丬 ㅏ丬 乡丬 卯 卯 卯 卵 卿 卿
벼슬 경	卿爵(경작) : 벼슬과 작위. 王卿(왕경) : 왕과 장관.
	卿 卿 卿
부수 卩(병부절)	
획수 총12획	

63

戶封八縣

집 호　봉할 봉　여덟 팔　고을 현

한나라가 천하를 통일하고 8현에서 나는 조세로 생활하게 하였다.

戶	ㅡ ㅋ ㅋ 戶		
집 호	戶主(호주) : 한 집안의 주장이 되는 주인.　窓戶紙(창호지) : 창문에 바르는 종이.		
	戶	戶	戶
부수　戶(지게호)			
획수　총4획			

封	ㅡ ㅓ ㅗ ㅗ ㅌ 圭 圭 封 封		
봉할 봉	封鎖(봉쇄) : 굳게 봉하고 잠금.　開封(개봉) : 봉한 것을 떼거나 여는 것.		
	封	封	封
부수　寸(마디촌)			
획수　총9획			

八	ㅣ 八		
여덟 팔	八道(팔도) : 조선 시대에 전국의 8개로 나눈 행정 구역.		
	八	八	八
부수　八(여덟팔)			
획수　총2획			

縣	ㅣ ㄇ ㄇ ㅌ ㅌ 且 旦 県 県 県 県 県 縣 縣 縣 縣		
고을 현	縣官(현관) : 옛날, 현의 우두머리인 현감과 현령을 뜻하는 말.		
	縣	縣	縣
부수　糸(실사)			
획수　총16획			

家給千兵

집 가 줄 급 일천 천 군사 병

제후 나라에 천 명의 군사를 주어 호위하도록 하였다.

家	`丶 丶 宀 宀 宇 宇 穷 家 家 家`							
집 가	家族(가족) : 부부를 바탕으로 한 가정을 이루는 사람들.							
	家	家	家					
부수 ｜ 宀(갓머리)								
획수 ｜ 총10획								

給	`丶 ㅅ 幺 幺 糸 糸 糸 紷 給 給 給 給`							
줄 급	發給(발급) : 증명서 따위를 내어 줌. 還給(환급) : 다시 돌려 줌.							
	給	給	給					
부수 ｜ 糸(실사)								
획수 ｜ 총12획								

千	`ノ 二 千`							
일천 천	千萬(천만) : 만의 천 배. 千年(천년) : 백 년의 열 배.							
	千	千	千					
부수 ｜ 十(열십)								
획수 ｜ 총3획								

兵	`ノ ㄏ ㅌ ㅌ 厅 斤 兵 兵`							
군사 병	派兵(파병) : 군대를 파견함. 兵法(병법) : 전쟁을 하는 방법.							
	兵	兵	兵					
부수 ｜ 八(여덟팔)								
획수 ｜ 총7획								

64

高 冠 陪 輦

높을 고   갓 관   더할 배   손수레 련

높은 관을 쓴 대신들이 임금의 수레를 따르며 모셨다.

高 높을 고	` 亠 亠 宀 宁 宁 高 高 高 高
	高位(고위) : 높은 지위. 高齡(고령) : 나이가 많음.
부수 高(높을고)	高 高 高
획수 총10획	

冠 갓 관	` 冖 冖 冖 冠 冠 冠 冠 冠
	冠婚(관혼) : 관례와 혼례. 衣冠(의관) : 옷과 갓을 말하며, 정장을 뜻함.
부수 冖(민갓머리)	冠 冠 冠
획수 총9획	

陪 더할 배	` 阝 阝 阝 阝 阝 陜 陜 陪 陪
	陪從(배종) : 임금이나 높은 사람을 모시고 따라가는 일.
부수 阝(좌부변)	陪 陪 陪
획수 총11획	

輦 손수레 련	` 二 𡗗 夫 夫 夫 夶 夶 替 替 替 替 輦 輦
	輿輦(여련) : 임금이 타는 수레.
부수 車(수레거)	輦 輦 輦
획수 총15획	

驅轂振纓

몰 구   바퀴 곡   떨칠 진   갓끈 영

수레를 몰 때에 갓끈이 흔들려 임금의 행차에 위엄을 더해 주었다.

驅
몰 구

丨 厂 厂 厍 馬 馬 馬 馬 馬 馬 馬 馬 馬 馬 馬 馬 驅

驅迫(구박) : 못 견디게 괴롭힘.　驅蟲(구충) : 약품 따위로 해충들을 없애 버림.

驅 驅 驅

| 부수 | 馬(말마) |
| 획수 | 총21획 |

轂
바퀴 곡

一 十 土 丰 声 声 青 青 青 壴 壴 轂 轂 轂 轂 轂 轂

轂輪(곡륜) : 수레바퀴.　推轂(추곡) : 뒤를 밀어 주어 앞으로 나아가게 함.

轂 轂 轂

| 부수 | 車(수레거) |
| 획수 | 총17획 |

振
떨칠 진

一 十 扌 扌 扩 扩 护 护 振 振 振

不振(부진) : 기세나 힘 따위가 활발하지 못함.

振 振 振

| 부수 | 扌(재방변) |
| 획수 | 총10획 |

纓
갓끈 영

乚 乆 乡 糸 糸 糽 組 絹 纓 纓 纓 纓 纓 纓 纓 纓

珠纓(주영) : 구슬을 꿰어 만든 갓끈.　冠武纓(관무영) : 갓에 다는 끈.

纓 纓 纓

| 부수 | 糸(실사) |
| 획수 | 총23획 |

65 世祿侈富

세상 세　녹 록　사치할 치　부자 부

공신들에게 대대로 내리는 녹은 사치하고 부유했다.

世 세상 세	一 十 卅 卅 世
	出世(출세) : 사회적으로 높은 지위에 오르거나 유명하게 됨.
	世　世　世
부수　一(한일)	
획수　총5획	

祿 녹 록	一 二 亍 亍 示 示 示 礻 礻 礻 祿 祿 祿
	無祿官(무록관) : 나라에서 녹봉을 받지 않는 벼슬을 뜻함.
	祿　祿　祿
부수　示(보일시)	
획수　총13획	

侈 사치할 치	丿 亻 亻 伫 侈 侈 侈 侈
	奢侈(사치) : 필요 이상으로 돈이나 물건을 씀.
	侈　侈　侈
부수　亻(사람인변)	
획수　총8획	

富 부자 부	丶 宀 宀 宀 宀 宀 富 宣 宣 富 富 富
	貧富(빈부) : 가난함과 넉넉함.　富貴(부귀) : 재산이 넉넉하고 지위가 높음.
	富　富　富
부수　宀(갓머리)	
획수　총12획	

車 駕 肥 輕

수레 거 탈것 가 살찔 비 가벼울 경

월 일

공신들의 말은 살찌고 수레는 가벼웠다.

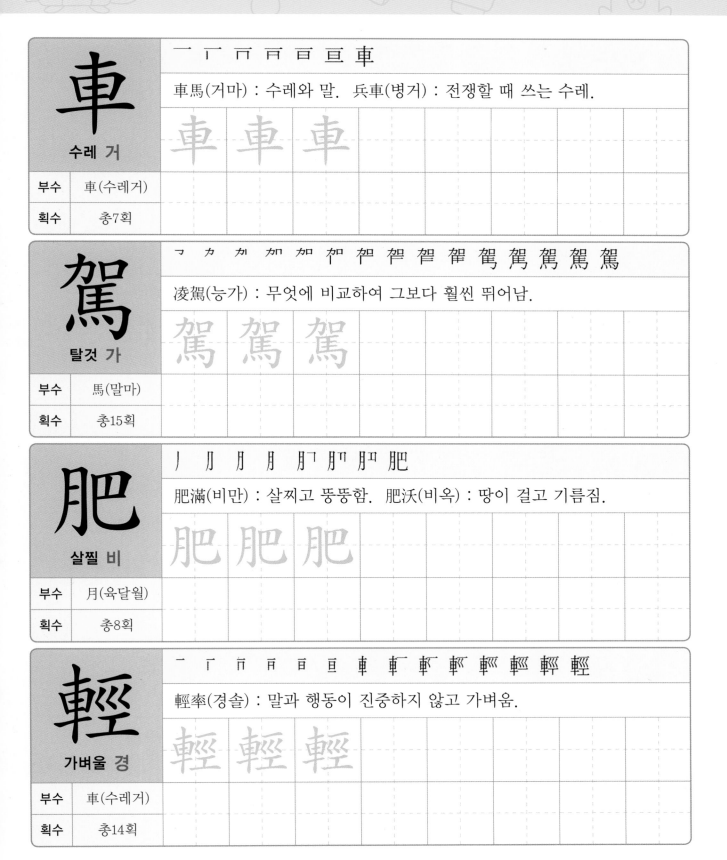

車 수레 거

부수	車(수레거)
획수	총7획

一 厂 冂 冃 旨 亘 車

車馬(거마) : 수레와 말. 兵車(병거) : 전쟁할 때 쓰는 수레.

車 車 車

駕 탈것 가

부수	馬(말마)
획수	총15획

フ カ 加 加 加 加 架 架 架 架 駕 駕 駕 駕 駕

凌駕(능가) : 무엇에 비교하여 그보다 훨씬 뛰어남.

駕 駕 駕

肥 살찔 비

부수	月(육달월)
획수	총8획

丿 刀 月 月 肝 肝 肥 肥

肥滿(비만) : 살찌고 뚱뚱함. 肥沃(비옥) : 땅이 걸고 기름짐.

肥 肥 肥

輕 가벼울 경

부수	車(수레거)
획수	총14획

一 厂 亓 亓 百 亘 車 車 軒 軒 軻 輕 輕 輕

輕率(경솔) : 말과 행동이 진중하지 않고 가벼움.

輕 輕 輕

策 功 茂 實

꾀 책　　공 공　　무성할 무　　열매 실

공신들의 공적이 무성하고 충실하였다.

策 꾀 책	ノ ト ト ト ゲ ゲ ゲ ゲ ゲ 竿 竿 策 策						
	對策(대책) : 어떤 일에 대처할 계획이나 수단.						
	策	策	策				
부수　竹(대죽)							
획수　총12획							

功 공 공	一 丁 工 功 功						
	功勞(공로) : 일을 마치거나 목적을 이루는 데 들인 노력과 수고.						
	功	功	功				
부수　力(힘력)							
획수　총5획							

茂 무성할 무	一 十 十 艹 艹 芦 芡 茂 茂						
	茂盛(무성) : 풀이나 나무 따위가 우거져 성함.　茂學(무학) : 학문에 힘씀.						
	茂	茂	茂				
부수　艹(초두머리)							
획수　총9획							

實 열매 실	丶 丷 宀 宀 宀 宀 審 審 審 審 審 實 實						
	實施(실시) : 실제로 시행함.　實踐(실천) : 실제로 해냄.						
	實	實	實				
부수　宀(갓머리)							
획수　총14획							

勒 碑 刻 銘

새길 륵(늑)　비석 비　새길 각　새길 명

비석을 세워 이름을 새겨서 그 공을 찬양하며 후세에 전하였다.

勒
새길 륵(늑)

一 十 卄 艹 芇 芇 芇 革 革 勒 勒

衘勒(함륵) : 말의 입에 물리는 쇠로 만든 재갈.

勒 勒 勒

부수	力(힘 력)
획수	총11획

碑
비석 비

一 ㄱ 7 石 石 石 矿 矿 矿 砷 碑 碑 碑

墓碑(묘비) : 죽은 사람의 신분이나 이름 등을 새겨서 무덤 앞에 세우는 비석.

碑 碑 碑

부수	石(돌 석)
획수	총13획

刻
새길 각

亠 亠 亥 亥 亥 亥 刻 刻

深刻(심각) : 마음에 깊이 새겨 두는 일.　即刻(즉각) : 곧 그 시각에.

刻 刻 刻

부수	刂(선칼도방)
획수	총8획

銘
새길 명

ノ 人 人 스 牟 牟 金 金 釒 鈠 鈠 釛 銘 銘

銘心(명심) : 잊지 않게 마음에 깊이 새김.

銘 銘 銘

부수	金(쇠 금)
획수	총14획

67 磻溪伊尹

강이름 반　시내 계　저 이　다스릴 윤

문왕은 반계에서 강태공을 맞이하고 은왕은 신야에서 이윤을 맞이했다.

磻 강이름 반	一 丆 丆 石 石 石 石 石 石 矿 碎 碎 碎 磻 磻 磻 磻
	磻溪(반계) : 강태공이 낚시질을 하였다는 섬서성의 동남쪽을 흐르는 강.
부수　石(돌석)	磻　磻　磻
획수　총17획	

溪 시내 계	丶 丶 氵 汀 汀 汀 汐 浐 淫 淫 淫 溪 溪
	碧溪水(벽계수) : 물빛이 매우 푸르게 보이는 시냇물.
부수　氵(삼수변)	溪　溪　溪
획수　총13획	

伊 저 이	丿 亻 伊 伊 伊 伊
	伊時(이시) : 그때.
부수　亻(사람인변)	伊　伊　伊
획수　총6획	

尹 다스릴 윤	一 ⼸ ⼸ 尹
	卿尹(경윤) : 임금을 돕고 모든 관원을 지휘, 감독하는 일을 하는 재상.
부수　尸(주검시엄)	尹　尹　尹
획수　총4획	

佐 時 阿 衡

도울 좌   때 시   언덕 아   저울대 형

아형이 때를 맞춰 임금을 도왔다. 아형은 상나라 재상의 칭호이다.

佐

도울 좌

丿 亻 仁 仕 佐 佐 佐

補佐(보좌) : 자기보다 지위가 높은 사람을 도움.

佐 佐 佐

부수	亻(사람인변)
획수	총7획

時

때 시

丨 冂 円 日 日 旷 旷 旿 旿 時 時

時代(시대) : 역사적으로 구분한 어떤 기간.

時 時 時

부수	日(날일)
획수	총10획

阿

언덕 아

丁 丬 阝 阝 阞 阿 阿 阿 阿

阿附(아부) : 남의 비위를 맞추고 알랑거리는 행동.

阿 阿 阿

부수	阝(좌부변)
획수	총8획

衡

저울대 형

丿 彳 彳 彳 彳 彳 衔 衔 衔 衔 衔 衔 衛 衛 衡

均衡(균형) : 치우침이 없이 고른 상태. 衡平(형평) : 균형이 잡혀 있는 일.

衡 衡 衡

부수	行(다닐행)
획수	총16획

奄宅曲阜

문득 엄　　집 택　　굽을 곡　　언덕 부

주공의 공로에 보답하는 마음으로 곡부에 궁전을 세웠다.

奄 문득 엄	一 ナ 大 木 存 存 奄 奄
	奄成老人(엄성노인) : 빨리 늙는 일.
	奄　奄　奄
부수　大(큰대)	
획수　총8획	

宅 집 택	′ ′ 宀 宇 宅 宅
	住宅(주택) : 사람이 살 수 있도록 지은 집. 宅地(택지) : 집을 지을 땅.
	宅　宅　宅
부수　宀(갓머리)	
획수　총6획	

曲 굽을 곡	丨 冂 曰 曲 曲 曲
	婉曲(완곡) : 말이나 행동을 빙 둘러서 표현함.
	曲　曲　曲
부수　日(가로왈)	
획수　총6획	

阜 언덕 부	′ ′ 宀 宀 自 自 自 阜
	丘阜(구부) : 언덕이나 나지막한 산.
	阜　阜　阜
부수　阜(언덕부)	
획수　총8획	

微旦孰營

아닐 미   아침 단   누구 숙   경영 영

주공이 아니었다면 누가 이를 경영할 수 있었겠는가.

微
아닐 미

丶 ノ 彳 彳 彴 徎 徎 㣲 徼 微 微 微 微

微笑(미소) : 소리를 내지 않고 빙긋이 웃는 모습.

微 微 微

| 부수 | 彳(두인변) |
| 획수 | 총13획 |

旦
아침 단

丨 冂 月 日 旦

一旦(일단) : 한번. 旦夕(단석) : 아침과 저녁.

旦 旦 旦

| 부수 | 日(날일) |
| 획수 | 총5획 |

孰
누구 숙

丶 亠 亠 亠 亯 亯 享 享 孰 孰 孰

孰能(숙능) : 누가 감히 할 수 있겠는가.

孰 孰 孰

| 부수 | 子(아들자) |
| 획수 | 총11획 |

營
경영 영

丶 ノ ノ 火 火 炏 炏 炏 炏 炋 熒 熒 營 營 營 營 營

陣營(진영) : 군대가 집결하고 있는 곳. 營爲(영위) : 일을 꾸려 나감.

營 營 營

| 부수 | 火(불화) |
| 획수 | 총17획 |

69 桓公匡合

굳셀 환 공변될 공 바를 광 모을 합

제나라 환공은 천하를 바로잡아 제후들을 끌어모았다.

桓 굳셀 환	ー 十 才 木 杧 杧 栢 栢 栢 桓
	桓雄(환웅) : 천상을 지배하는 하늘의 임금인 환인의 아들.
	桓 桓 桓
부수　木(나무목)	
획수　총10획	

公 공변될 공	ノ 八 公 公
	公共(공공) : 여러 사람이 모여 힘을 함께 함.
	公 公 公
부수　八(여덟팔)	
획수　총4획	

匡 바를 광	一 一 三 干 王 匡
	匡正(광정) : 바로잡아 고침. 匡困(광곤) : 가난한 사람을 도와줌.
	匡 匡 匡
부수　匚(튼입구몸)	
획수　총6획	

合 모을 합	ノ 人 스 今 合 合
	合格(합격) : 시험이나 조건에 맞아서 뽑힘.
	合 合 合
부수　口(입구)	
획수　총6획	

濟弱扶傾

건널 제   약할 약   도울 부   기울 경

약한 나라를 구제하고 기울어져 가는 나라를 도와 일으켰다.

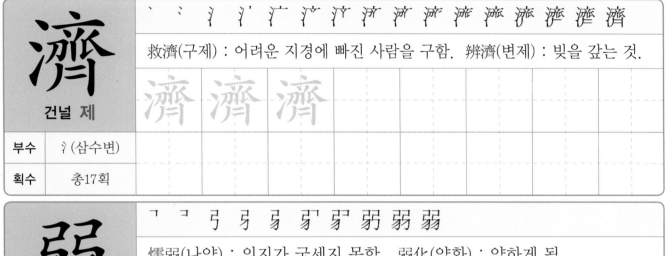

濟	`丶丶氵氵氵氵广产泸泸沐浏浏浏浏濟濟濟`		
건널 제	救濟(구제) : 어려운 지경에 빠진 사람을 구함. 辨濟(변제) : 빚을 갚는 것.		
	濟 濟 濟		
부수 氵(삼수변)			
획수 총17획			

弱	`フヨ弓弓弓弓弓弓弓弱弱弱`		
약할 약	懦弱(나약) : 의지가 군세지 못함. 弱化(약화) : 약하게 됨.		
	弱 弱 弱		
부수 弓(활궁)			
획수 총10획			

扶	`一十扌扌扌扌扶扶`		
도울 부	扶助(부조) : 다른 사람의 일에 돈이나 물건 등으로 도와줌.		
	扶 扶 扶		
부수 扌(재방변)			
획수 총7획			

傾	`丿亻亻化化化化伫傾傾傾傾傾`		
기울 경	傾斜(경사) : 비스듬히 기울어짐. 傾聽(경청) : 주의를 기울여 열심히 들음.		
	傾 傾 傾		
부수 亻(사람인변)			
획수 총13획			

70 綺 回 漢 惠

비단 기 돌아올 회 한수 한 은혜 혜

한나라의 네 현인 중 한 사람인 기가 한나라 혜제를 회복시켰다.

綺	⟍ ⟍ ⟍ ⟍ ⟍ 糸 紆 紆 紵 綺 綺 綺 綺 綺
비단 기	綺麗(기려) : 곱고 아름다움. 綺紈(기환) : 곱고 값진 옷.
부수 糸(실사)	綺 綺 綺
획수 총14획	

回	｜ 冂 冂 回 回 回
돌아올 회	挽回(만회) : 바로잡아 회복함. 回生(회생) : 다시 살아나는 것.
부수 口(큰입구몸)	回 回 回
획수 총6획	

漢	⟍ ⟍ ⟍ 氵 氵 氵 浐 浐 浐 浐 漢 漢 漢 漢
한수 한	漢書(한서) : 한문으로 된 책. 漢詩(한시) : 한문으로 지은 시.
부수 氵(삼수변)	漢 漢 漢
획수 총14획	

惠	一 厂 厂 戸 戸 戸 車 車 車 寅 惠 惠 惠
은혜 혜	恩惠(은혜) : 남에게서 받는 고마운 혜택. 特惠(특혜) : 특별한 은혜 또는 혜택.
부수 心(마음심)	惠 惠 惠
획수 총12획	

說 感 武 丁

기뻐할 열　느낄 감　호반 무　고무래 정

부열이 무정의 꿈에 나타나 그를 감동시켰다.

說
기뻐할 열

부수　言(말씀언)

획수　총14획

一 二 ᆖ 言 言 言 言 訁 訃 訃 訃 說 說 說

說感武丁(열감무정) : 부열은 상나라 임금 무정을 감동시킴.

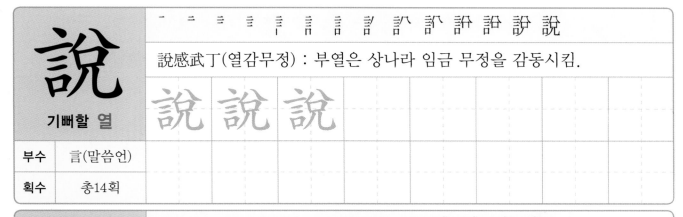

感
느낄 감

부수　心(마음심)

획수　총13획

丿 厂 厂 厂 后 后 咸 咸 咸 咸 感 感 感

敏感(민감) : 예민한 감각.　感動(감동) : 깊이 느끼어 마음이 움직임.

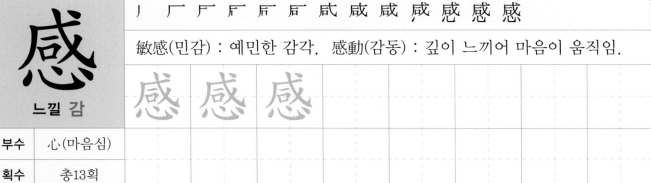

武
호반 무

부수　止(그칠지)

획수　총8획

一 二 三 干 丐 正 武 武

武裝(무장) : 전투에 필요한 장비를 갖춤.　武力(무력) : 군사상의 힘.

丁
고무래 정

부수　一(한일)

획수　총2획

一 丁

壯丁(장정) : 나이가 젊고 기운이 좋은 남자.

丁 丁 丁

71

俊乂密勿

준걸 준　　어질 예　　빽빽할 밀　　말 물

뛰어난 사람과 어진 사람이 조정에 모여 빽빽하다.

俊 준걸 준	ノ イ イ´ 仫 仫 仫 俊 俊 俊
	俊秀(준수) : 재주와 슬기, 풍채가 빼어남. 英俊(영준) : 영민하고 준수함.
부수　亻(사람인변)	俊　俊　俊
획수　총9획	

乂 어질 예	ノ 乂
	乂安(예안) : 잘 다스려져 편안함.
부수　丿(삐침별)	乂　乂　乂
획수　총2획	

密 빽빽할 밀	' ' 宀 宀 少 宓 宓 宓 宓 密 密
	緻密(치밀) : 자세하고 꼼꼼함. 密接(밀접) : 빈틈없이 가깝게 맞닿아 있음.
부수　宀(갓머리)	密　密　密
획수　총11획	

勿 말 물	ノ 勺 勺 勿
	勿論(물론) : 말할 것도 없음. 勿念(물념) : 생각하지 않음.
부수　勹(쌀포몸)	勿　勿　勿
획수　총4획	

多士寔寧

많을 다   선비 사   이 식   편안 녕

조정에 많은 인재들이 있어서 국가가 태평하였다.

多
많을 다

ノ ク タ タ タ 多 多

多樣(다양) : 모양이나 양식이 여러 가지임. 多幸(다행) : 운수가 좋음.

多 多 多

| 부수 | 夕(저녁석) |
| 획수 | 총6획 |

士
선비 사

一 十 士

博士(박사) : 교수의 임무를 맡거나 전문 기술에 종사하는 사람에게 주는 직책.

士 士 士

| 부수 | 士(선비사) |
| 획수 | 총3획 |

寔
이 식

丶 丷 宀 宀 宀 宔 宣 宣 寔 寔 寔 寔

寔景(식경) : 매우 좋은 경치.

寔 寔 寔

| 부수 | 宀(갓머리) |
| 획수 | 총12획 |

寧
편안 녕

丶 丷 宀 宀 宓 宓 宓 宓 宲 宮 宮 宮 宮 寧

安寧(안녕) : 몸이 건강하고 마음이 편안한 상태.

寧 寧 寧

| 부수 | 宀(갓머리) |
| 획수 | 총14획 |

72

晋 楚 更 霸

진나라 진　초나라 초　다시 갱　으뜸 패

진나라와 초나라가 다시 으뜸이 되니 진문공과 초장왕이 패왕이 되었다.

晋 진나라 진

一 丁 丌 顶 顶 顶 亞 严 哥 晋 晋

晋體(진체) : 중국 진나라의 명필 왕희지의 글씨체.

晋 晋 晋

| 부수 | 日(날일) |
| 획수 | 총10획 |

楚 초나라 초

一 十 才 木 本 朴 材 林 林 梺 梺 梺 楚

苦楚(고초) : 괴로움과 어려움.　楚歌(초가) : 초나라의 노래.

楚 楚 楚

| 부수 | 木(나무목) |
| 획수 | 총13획 |

更 다시 갱

一 丆 丆 丙 百 百 更 更

更新(갱신) : 다시 새롭게 하는 것.

更 更 更

| 부수 | 曰(가로왈) |
| 획수 | 총7획 |

霸 으뜸 패

一 丆 西 覀 覀 覀 覀 覀 覀 覇 覇 覇 霸 霸 霸 霸

霸者(패자) : 제후의 우두머리로 패권을 잡아 천하를 다스리는 사람.

霸 霸 霸

| 부수 | 襾(덮을아) |
| 획수 | 총19획 |

趙魏困橫

조나라 조 나라이름 위 곤할 곤 가로 횡

조나라와 위나라는 연횡책으로 많은 곤란을 겪었다.

趙 조나라 조	一 十 土 耂 耂 耂 走 走 赳 赳 赹 赹 趙 趙 趙
	前趙(전조) : 중국의 오호십육국의 하나.
	趙 趙 趙
부수 走(달릴주)	
획수 총14획	

魏 나라이름 위	一 二 千 千 禾 禾 禿 委 委 委 魏 魏 魏 魏 魏 魏 魏 魏
	魏志(위지) : 중국 삼국 때의 위나라의 역사책.
	魏 魏 魏
부수 鬼(귀신귀)	
획수 총18획	

困 곤할 곤	丨 冂 冃 用 困 困 困 困
	困窮(곤궁) : 가난하여 살림이 구차함. 困辱(곤욕) : 괴로움과 모욕을 당함.
	困 困 困
부수 囗(큰입구몸)	
획수 총7획	

橫 가로 횡	一 十 十 十 木 杧 柞 桦 桦 樟 槽 槽 横 横 横 横
	橫暴(횡포) : 제멋대로 굴며 난폭함. 橫斷(횡단) : 가로질러 건넘.
	橫 橫 橫
부수 木(나무목)	
획수 총16획	

73

假 途 滅 虢

빌릴 가 　 길 도 　 멸할 멸 　 나라이름 괵

진헌공이 우국 길을 빌려 괵국을 멸망시켰다.

假

빌릴 가

丿 亻 亻 亻 俨 俨 俨 俨 俨 假 假

假飾(가식) : 속마음과 달리 말과 행동을 거짓으로 꾸밈.

假	假	假			

부수	亻(사람인변)
획수	총11획

途

길 도

丿 亼 亼 亼 수 余 余 余 涂 涂 途

中途(중도) : 일이 되어 가는 동안. 用途(용도) : 쓰이는 곳.

途	途	途			

부수	辶(책받침)
획수	총11획

滅

멸할 멸

丶 丶 氵 氵 汇 汇 汇 沥 沥 减 滅 滅 滅

滅亡(멸망) : 망하여 없어짐. 消滅(소멸) : 사라져 없어져 버림.

滅	滅	滅			

부수	氵(삼수변)
획수	총13획

虢

나라이름 괵

罒 罒 孚 孚 虏 虏 虢

虢(괵) : 중국 주나라 초기의 제후국들을 말함.

虢	虢	虢			

부수	虍(범호엄)
획수	총15획

踐土會盟

밟을 천　흙 토　모일 회　맹세 맹

진문공이 제후를 천토에 모아 서로 맹세하게 하였다.

踐	丨 冂 冂 罒 罒 罒 足 足 趴 趺 践 践 践 践 践
밟을 천	實踐(실천) : 실제로 해냄. 踐踏(천답) : 짓밟음.
	踐　踐　踐
부수　足(발족)	
획수　총15획	

土	一 十 土
흙 토	領土(영토) : 한 나라의 통치권이 미치는 지역.
	土　土　土
부수　土(흙토)	
획수　총3획	

會	丿 人 스 今 今 合 合 侖 侖 侖 會 會 會
모일 회	國會(국회) : 국민의 대표로 구성한 입법 기관.
	會　會　會
부수　曰(가로왈)	
획수　총13획	

盟	丨 冂 日 日 日 肦 明 明 明 明 盟 盟 盟
맹세 맹	盟誓(맹세) : 약속이나 목표를 꼭 실천하겠다고 다짐함.
	盟　盟　盟
부수　皿(그릇명)	
획수　총13획	

74

何 遵 約 法

어찌 하　좇을 준　약속할 약　법 법

소하는 한고조와 더불어 약법삼장을 정하여 준행하였다.

何 어찌 하	ノ イ イ 仁 仃 何 何
	六何原則(육하원칙) : '누가, 언제, 어디서, 무엇을, 왜, 어떻게'를 일컫는 말.
	何 何 何
부수	イ(사람인변)
획수	총7획

遵 좇을 준	ノ ハ ハ ハ 什 什 샤 酋 酋 酋 酋 尊 尊 尊 遵 遵
	遵法(준법) : 법령을 좇음.　遵據(준거) : 의거하여 좇음.
	遵 遵 遵
부수	辶(책받침)
획수	총16획

約 약속할 약	' ' ' ' 纟 糸 糸 糸 約 約
	約束(약속) : 언약을 하여 정함.　節約(절약) : 아끼어 씀.
	約 約 約
부수	糸(실사)
획수	총9획

法 법 법	` ` ` 氵 氵 汴 法 法
	解法(해법) : 문제를 푸는 방법.　法則(법칙) : 법칙과 규칙.
	法 法 法
부수	氵(삼수변)
획수	총8획

韓 弊 煩 刑

나라이름 한 폐단 폐 번거로울 번 형벌 형

한비는 진왕을 달래 형벌을 시행하다가 자신이 그 형벌에 죽었다.

韓
나라이름 한

一 十 卉 古 古 直 卓 卓 乾 乾 乾 乾 乾 韓 韓 韓

韓服(한복) : 우리나라 고유의 옷. 韓藥(한약) : 한방에서 쓰는 약.

韓　韓　韓

부수	韋(가죽위)
획수	총17획

弊
폐단 폐

丿 丶 丷 𢆉 𢆉 𢆊 𢆊 𢆋 𢆋 𢆋 敝 敝 敝 弊 弊

弊端(폐단) : 괴롭고 번거로운 일. 弊習(폐습) : 폐해가 되는 습관이나 버릇.

弊　弊　弊

부수	廾(스물입발)
획수	총15획

煩
번거로울 번

丶 丷 𤇾 火 灯 炉 炉 炉 煩 煩 煩 煩 煩

煩惱(번뇌) : 마음이 시달려 괴로워함. 煩雜(번잡) : 번거롭고 복잡함.

煩　煩　煩

부수	火(불화)
획수	총13획

刑
형벌 형

一 二 𠄔 开 开 刑

刑罰(형벌) : 죄지은 사람에게 주는 벌. 減刑(감형) : 형을 덜어 가볍게 함.

刑　刑　刑

부수	刂(선칼도방)
획수	총6획

백기와 왕전은 진나라의 장수이고 염파와 이목은 조나라의 장수였다.

起 일어날 기	一 十 土 キ キ キ 走 起 起 起
	想起(상기) : 지난 일을 돌이켜 생각해 냄. 起立(기립) : 일어나서 섬.
	起　起　起
부수 走(달릴주)	
획수 총10획	

翦 자를 전	丶 丷 丷 产 产 产 前 前 前 翦 翦 翦 翦 翦
	翦髮機(전발기) : 이발기. 翦毛(전모) : 짐승의 털을 깎는 일.
	翦　翦　翦
부수 羽(깃우)	
획수 총15획	

頗 자못 파	丿 厂 广 户 皮 皮 皮 皮 皮 皮 頗 頗 頗 頗
	偏頗(편파) : 치우쳐 공평하지 못함.
	頗　頗　頗
부수 頁(머리혈)	
획수 총14획	

牧 칠 목	丿 ｜ 卜 牛 牛 牡 牡 牧 牧
	牧場(목장) : 일정한 시설을 갖추고 소나 말, 양 등을 놓아서 기르는 장소.
	牧　牧　牧
부수 牛(소우)	
획수 총8획	

用軍最精

쓸 용　　군사 군　　가장 최　　정할 정

군사를 활용하는 전법을 가장 정교하고 능숙하게 하였다.

用 쓸 용	ノ 刀 月 月 用
	雇用(고용) : 삯을 주고 사람을 부림.　使用(사용) : 물건을 씀.
	用　用　用
부수　用(쓸용)	
획수　총5획	

軍 군사 군	′ ′ ′ ′ ′ ′ ′ ′ 軍
	國軍(국군) : 대한민국의 군대.　軍艦(군함) : 전투에 사용하는 무장한 배.
	軍　軍　軍
부수　車(수레거)	
획수　총9획	

最 가장 최	′ ′ ′ ′ ′ ′ ′ ′ ′ 最 最
	最大(최대) : 가장 큼.　最高(최고) : 가장 높음.
	最　最　最
부수　日(가로왈)	
획수　총12획	

精 정할 정	′ ′ ′ ′ ′ ′ ′ ′ 精 精 精 精 精
	精密(정밀) : 아주 자세하고 치밀함.　精讀(정독) : 자세히 살피어 읽음.
	精　精　精
부수　米(쌀미)	
획수　총14획	

1 다음 한자에 해당하는 낱말을 한글로 써 보세요.

1) 自由에는 책임이 따른다.

☐☐

2) 잘 모르는 낱말이 있을 때는 事典을 찾아 보세요.

☐☐

3) 옛 무덤에서 벽에 그린 壁畵가 많이 발견되었습니다.

☐☐

4) 우리 家族은 모두 4명입니다.

☐☐

5) 저의 꿈은 世界 여러 나라를 여행하는 거예요.

☐☐

6) 六何原則은 '누가, 언제, 어디서, 무엇을, 왜, 어떻게'를 일컫는 말이다.

☐☐☐☐

7) 남한에서 제일 긴 강은 洛東江입니다.

☐☐☐

정 답 -

1) 자유 2) 사전 3) 벽화 4) 가족 5) 세계 6) 육하원칙 7) 낙동강

2 아래 훈(訓:뜻)과 음(音:소리)에 해당하는 한자를 선으로 연결해 보세요.

1) 일어날 기 •

2) 법 법 •

3) 많을 다 •

4) 집 가 •

5) 그림 화 •

• 法

• 多

• 起

• 家

• 畫

3 밑줄 친 낱말의 한자를 보기에서 찾아 번호를 쓰세요.

> **보기** ①感動 ②飛行 ③最大 ④恩惠 ⑤國會

1) 부산은 우리나라 <u>최대</u>의 항구 도시이다. ☐

2) <u>국회</u> 의사당은 국회의원들이 모여 회의를 하는 곳이에요. ☐

3) 영화를 보고 <u>감동</u>에 젖었습니다. ☐

4) 서울에서 미국까지 <u>비행</u> 시간은 10시간이 넘는다. ☐

5) 선생님의 <u>은혜</u>를 결코 잊지 않겠습니다. ☐

76

宣 威 沙 漠

베풀 선   위엄 위   모래 사   아득할 막

장수로서 그 위엄은 멀리 사막에까지 퍼졌다.

宣	` ` ` 宀 宁 宁 宣 宣 宣 宣
베풀 선	宣誓(선서) : 공개적으로 맹세를 함. 宣敎(선교) : 종교를 선전하여 널리 폄.
	宣 宣 宣
부수 宀(갓머리)	
획수 총9획	

威	ノ 厂 厂 厂 戌 戌 戌 威 威 威
위엄 위	威脅(위협) : 힘으로 으르고 협박함. 威勢(위세) : 위엄이 있거나 맹렬한 기세.
	威 威 威
부수 女(계집녀)	
획수 총9획	

沙	` ` ` 氵 氵 沙 沙 沙
모래 사	沙漠(사막) : 강수량이 적어서 모래나 자갈로 뒤덮인 불모의 벌판.
	沙 沙 沙
부수 氵(삼수변)	
획수 총7획	

漠	` ` ` 氵 氵 氵 汁 泄 泄 泄 漠 漠 漠 漠
아득할 막	茫漠(망막) : 흐릿하고 똑똑하지 못한 상태. 漠漠(막막) : 고요하고 쓸쓸함.
	漠 漠 漠
부수 氵(삼수변)	
획수 총14획	

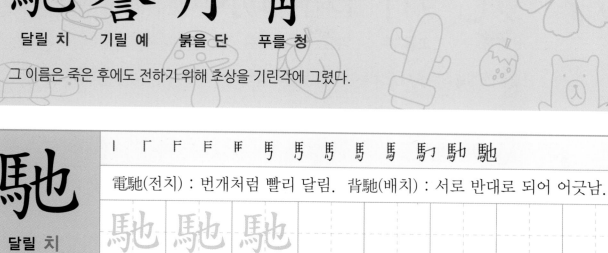

馳譽丹靑

달릴 치　기릴 예　붉을 단　푸를 청

그 이름은 죽은 후에도 전하기 위해 초상을 기린각에 그렸다.

馳

달릴 치

부수	馬(말마)
획수	총13획

丨 冂 厂 厈 厈 馬 馬 馬 馬 馬 馬 駎 駎 馳

電馳(전치) : 번개처럼 빨리 달림.　背馳(배치) : 서로 반대로 되어 어긋남.

馳　馳　馳

譽

기릴 예

부수	言(말씀언)
획수	총21획

´ 「 r r 臼 臼 臼 臼 臼 臼 與 與 與 譽 譽 譽 譽

名譽(명예) : 세상에서 훌륭하다고 인정되는 이름이나 자랑.

譽　譽　譽

丹

붉을 단

부수	丶(점주)
획수	총4획

丿 刀 刀 丹

丹粧(단장) : 얼굴이나 머리, 옷차림 따위를 곱게 꾸밈.

丹　丹　丹

靑

푸를 청

부수	靑(푸를청)
획수	총8획

一 二 ‡ 丰 靑 靑 靑 靑

靑寫眞(청사진) : 미래의 계획.　靑山(청산) : 나무가 무성하여 푸른 산.

靑　靑　靑

77

九 州 禹 跡

아홉 구   고을 주   임금 우   자취 적

중국 천하를 9주로 나눈 것은 하나라 우왕의 발자취이다.

九	ノ 九		
九天(구천) : 가장 높은 하늘. 九重(구중) : 아홉 겹.			
아홉 구	九 九 九		
부수 乙(새을)			
획수 총2획			

州	` ノ ゾ 少 州 卅 州		
濟州島(제주도) : 우리나라 최남단에 자리 잡고 있는 제일 큰 섬.			
고을 주	州 州 州		
부수 川(내천)			
획수 총6획			

禹	´ ⺈ ⺤ ⼾ ⼾ ⼾ 禹 禹 禹		
禹(우) : 중국 하나라의 우임금을 말함.			
임금 우	禹 禹 禹		
부수 内(짐승발자국유)			
획수 총9획			

跡	⎮ ⼝ ⼝ ⼞ ⼞ ⾜ ⾜ ⾜' ⾜ 趵 趵 跡 跡		
追跡(추적) : 뒤를 밟아 쫓음. 痕跡(흔적) : 뒤에 남은 자국이나 자취.			
자취 적	跡 跡 跡		
부수 足(발족)			
획수 총13획			

百 郡 秦 幷

일백 백   고을 군   진나라 진   아우를 병

진시황이 천하봉군하는 법을 폐지하고 전국을 100군으로 나누어 다스렸다.

百

一 一 丆 丆 百 百

百姓(백성) : 관직이 없는 일반 국민.   百萬(백만) : 만의 백 갑절.

百 百 百

일백 백	
부수	白(흰백)
획수	총6획

郡

フ ヲ ヲ 尹 尹 君 君 君' 郡 郡

郡守(군수) : 한 군의 행정 사무를 맡아보는 으뜸 직위에 있는 사람.

郡 郡 郡

고을 군	
부수	阝(우부방)
획수	총10획

秦

一 二 三 丰 夫 表 춘 奉 奉 秦

秦始皇帝(진시황제) : 중국 진나라의 제1대 황제.

秦 秦 秦

진나라 진	
부수	禾(벼화)
획수	총10획

幷

' ' ' 亠 并 并 并' 并' 幷' 幷

併合(병합) : 둘 이상의 기구나 단체 등이 하나로 합쳐짐.

幷 幷 幷

아우를 병	
부수	干(방패간)
획수	총8획

九州禹跡 / 百郡秦幷 **167**

78

嶽 宗 恒 岱

큰산 악   마루 종   항상 항   뫼 대

5악은 동태산, 서화산, 남형산, 북항산, 중숭산인데 항산과 태산이 으뜸이다.

嶽 큰산 악

丶 ⺊ ⺊ 产 产 产 产 产 崕 崕 崕 崕 崕 嶽 嶽 嶽

雪嶽山(설악산) : 강원도 양양군과 인제군 사이에 있는 산.

嶽 嶽 嶽

부수	山(뫼산)
획수	총17획

宗 마루 종

丶 丷 宀 宀 宀 宇 宗 宗

宗敎(종교) : 절대자나 힘에 대한 믿음을 통해 삶의 의미를 추구하는 문화 체계.

宗 宗 宗

부수	宀(갓머리)
획수	총8획

恒 항상 항

丶 丶 忄 忄 忄 恒 恒 恒 恒

恒常(항상) : 끊임없이 언제나. 恒久(항구) : 변하지 않고 오래 감.

恒 恒 恒

부수	忄(심방변)
획수	총9획

岱 뫼 대

丿 丶 亻 仁 代 代 代 岱 岱

岱華(대화) : 태산과 화산. 岱山(대산) : 태산.

岱 岱 岱

부수	山(뫼산)
획수	총8획

禪 主 云 亭

선위할 선　임금 주　이를 운　정자 정

운운산과 정정산은 천자를 봉선하고 제사하는 곳이다.

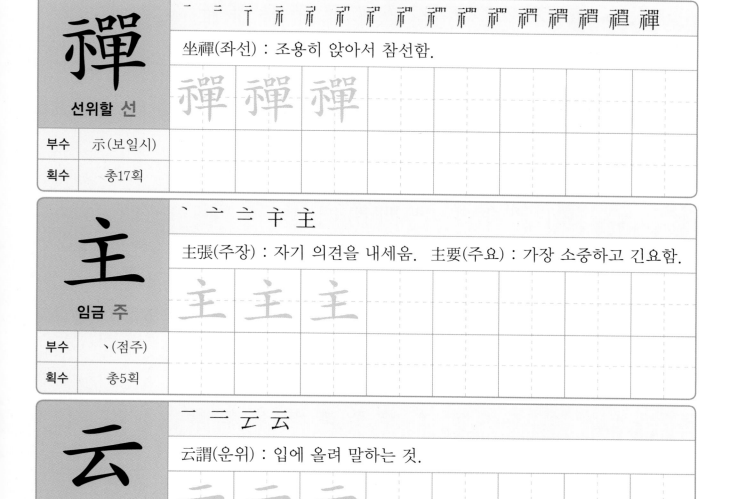

禪 선위할 선

一 二 丁 示 示 示 示 示 示 禪 禪 禪 禪 禪

坐禪(좌선) : 조용히 앉아서 참선함.

禪 禪 禪

| 부수 | 示(보일시) |
| 획수 | 총17획 |

主 임금 주

丶 亠 宀 主 主

主張(주장) : 자기 의견을 내세움.　主要(주요) : 가장 소중하고 긴요함.

主 主 主

| 부수 | 丶(점주) |
| 획수 | 총5획 |

云 이를 운

一 二 云 云

云謂(운위) : 입에 올려 말하는 것.

云 云 云

| 부수 | 二(두이) |
| 획수 | 총4획 |

亭 정자 정

丶 亠 亠 亠 古 古 声 声 亭 亭

亭子(정자) : 경치가 좋은 곳에 놀기 위해 지은 아담하고 작은 집.

亭 亭 亭

| 부수 | 亠(돼지해머리) |
| 획수 | 총9획 |

79

雁門紫塞

기러기 안　문 문　붉을 자　변방 새

안문은 기러기도 넘지 못하는 높은 산이고 자새는 만리장성을 말한다.

雁
기러기 **안**

부수	隹(새추)
획수	총12획

一 厂 厂 厂 厂 厂 厂 厍 厍 雁 雁 雁

雁使(안사) : 먼 곳에서 소식을 전하는 편지.

雁 雁 雁

門
문 **문**

부수	門(문문)
획수	총8획

| 門 門 門 門 門 門 門 門

窓門(창문) : 공기나 빛이 들어올 수 있게 벽에 만들어 놓은 작은 문.

門 門 門

紫
붉을 **자**

부수	糸(실사)
획수	총12획

⼘ ⼘ 止 止 此 此 紫 紫 紫 紫 紫 紫

紫色(자색) : 자줏빛.　淡紫色(담자색) : 엷은 자줏빛.

紫 紫 紫

塞
변방 **새**

부수	土(흙토)
획수	총13획

' ' 宀 宀 宀 宀 审 宷 寍 寒 寒 塞

要塞(요새) : 중요한 곳에 세워 놓은 견고한 성채나 방어 시설.

塞 塞 塞

鷄田赤城

닭 계　밭 전　붉을 적　성 성

계전은 웅주에 있는 고을이고 적성은 기주에 있는 고을이다.

鷄	⸍ ⸍ ⸍ ⸍ ⸍ ⸜ ⸜ ⸜ 奚 奚 奚 鳥 鳥 鳥 鳥 鷄 鷄 鷄
	鷄鳴(계명) : 닭의 울음.　鷄肉(계육) : 닭고기.
닭 계	鷄　鷄　鷄
부수　鳥(새조)	
획수　총21획	

田	｜ 冂 冂 田 田
	私田(사전) : 개인 소유의 논밭.　田土(전토) : 논과 밭.
밭 전	田　田　田
부수　田(밭전)	
획수　총5획	

赤	一 十 十 亠 赤 赤 赤
	赤字(적자) : 지출이 수입보다 많은 일.
붉을 적	赤　赤　赤
부수　赤(붉을적)	
획수　총7획	

城	一 十 十 圵 圹 圹 圹 城 城 城
	籠城(농성) : 성문을 굳게 닫고 성을 지키는 일.
성 성	城　城　城
부수　土(흙토)	
획수　총10획	

80 昆 池 碣 石

맏 곤　　못 지　　돌 갈　　돌 석

곤지는 운남 곤명현에 있고 갈석은 부평현에 있다.

昆	丨 冂 日 日 日 尸 尸 昆		
맏 곤	昆蟲(곤충) : 곤충강에 속한 동물을 통틀어 이르는 말.		
	昆	昆	昆
부수 日(날일)			
획수 총8획			

池	丶 丶 氵 氵 汋 池		
못 지	天池(천지) : 백두산 정산에 있는 큰 못.		
	池	池	池
부수 氵(삼수변)			
획수 총6획			

碣	一 プ ア 石 石 石 矽 矽 矽 矽 碣 碣 碣 碣		
돌 갈	墓碣(묘갈) : 무덤 앞에 세우는 둥그스름한 작은 비석.		
	碣	碣	碣
부수 石(돌석)			
획수 총14획			

石	一 丆 丆 石 石		
돌 석	盤石(반석) : 넓고 편편한 바위. 礎石(초석) : 기둥 밑에 기초로 받쳐 놓은 돌.		
	石	石	石
부수 石(돌석)			
획수 총5획			

鉅 野 洞 庭

클 거　들 야　마을 동　뜰 정

거야는 태산 동쪽에 있는 광야이고 동정은 호남성에 있는 중국 제일의 호수이다.

鉅	ノ ト ヒ ヒ ヒ ヒ チ 金 釒 釘 釘 鈩 鉅											
클 거	鉅狡(거교) : 세력이 있는 악한.											
	鉅	鉅	鉅									
부수 金(쇠금)												
획수 총13획												

野	丨 冂 冂 日 旦 里 里 野 野 野 野										
들 야	與野(여야) : 여당과 야당. 平野(평야) : 평평한 넓은 들.										
	野	野	野								
부수 里(마을리)											
획수 총11획											

洞	` ` ` ` 氵 沪 沪 洞 洞 洞									
마을 동	洞察(통찰) : 환히 꿰뚫어 봄. 洞窟(동굴) : 자연적으로 생긴 깊고 넓은 굴.									
	洞	洞	洞							
부수 氵(삼수변)										
획수 총9획										

庭	` 亠 广 广 庐 庐 庐 庭 庭 庭									
뜰 정	庭園(정원) : 나무와 꽃 등을 키우는 집안에 있는 뜰.									
	庭	庭	庭							
부수 广(엄호)										
획수 총10획										

曠遠綿邈

빌 광   멀 원   이어질 면   멀 막

산, 벌판, 호수 등이 아득하고 멀리 줄지어 있다.

曠	丨 冂 冂 冃 旷 旷 旷 旷 旷 晖 晦 曠 曠 曠 曠 曠
빌 광	曠野(광야) : 아무것도 없는 아득하게 너른 벌판.
	曠 曠 曠
부수 日(날일)	
획수 총19획	

遠	一 十 土 吉 吉 吉 串 寺 克 袁 袁 遠 遠 遠
멀 원	疏遠(소원) : 사이가 두텁지 않고 서먹서먹함.
	遠 遠 遠
부수 辶(책받침)	
획수 총14획	

綿	⺪ ⺯ ⺰ 幺 糸 糸 糸 糸 糹 紵 紵 絗 絗 綿 綿
이어질 면	綿密(면밀) : 자세하고도 빈틈이 없음. 綿絲(면사) : 무명실.
	綿 綿 綿
부수 糸(실사)	
획수 총14획	

邈	⺊ ⺊ ⺊ 豸 豸 豸 豸 豹 豹 豹 豹 貌 貌 貌 邈 邈 邈
멀 막	邈遠(막원) : 멀고 아득함. 綿邈(면막) : 매우 멀고 아득함.
	邈 邈 邈
부수 辶(책받침)	
획수 총18획	

巖峀杳冥

바위 암 멧부리 수 아득할 묘 어두울 명

큰 바위와 멧부리(산꼭대기)가 묘연하고 아득하다.

巖
바위 암

屵 屵 屵 屵 屵 屵 屵 屵 巖 巖 巖 巖 巖 巖 巖 巖 巖 巖

巖壁(암벽) : 깎아지른 듯이 험하게 솟은 바위.

巖 巖 巖

부수	山(뫼산)
획수	총23획

峀
멧부리 수

丨 屵 屵 屵 峀 峀 峀 峀

峀雲(수운) : 산의 바위 틈에서 일어나는 구름.

峀 峀 峀

부수	山(뫼산)
획수	총8획

杳
아득할 묘

一 十 才 木 朩 杏 杳 杳

杳然(묘연) : 그윽하고 멀어서 눈에 아물아물함.

杳 杳 杳

부수	木(나무목)
획수	총8획

冥
어두울 명

丶 冖 冖 冚 冝 宜 冝 冥 冥 冥

冥福(명복) : 저승에서 받는 복. 冥想(명상) : 눈을 감고 깊이 생각함.

冥 冥 冥

부수	冖(민갓머리)
획수	총10획

82 治本於農

다스릴 치　근본 본　어조사 어　농사 농

다스리는 것은 농사를 근본으로 삼는다.

治	、 、 氵 氵 治 治 治 治		
다스릴 치	治療(치료) : 병이나 상처를 다스려서 낫게 함.　治粧(치장) : 곱게 모양을 냄.		
	治	治	治
부수 氵(삼수변)			
획수 총8획			

本	一 十 才 木 本		
근본 본	根本(근본) : 사물의 본질.　本人(본인) : 자기.		
	本	本	本
부수 木(나무목)			
획수 총5획			

於	、 一 亍 方 扩 於 於 於		
어조사 어	於中間(어중간) : 거의 중간쯤 되는 곳이나 그런 상태를 말함.		
	於	於	於
부수 方(모방)			
획수 총8획			

農	丨 冂 冂 曰 曲 曲 曲 曲 严 严 農 農 農		
농사 농	農事(농사) : 농작물을 심어 가꾸고 거두어들이는 일.		
	農	農	農
부수 辰(별진)			
획수 총13획			

務 玆 稼 穡

힘쓸 무   이 자   심을 가   거둘 색

때맞춰 심고 거두는 데에 힘쓴다.

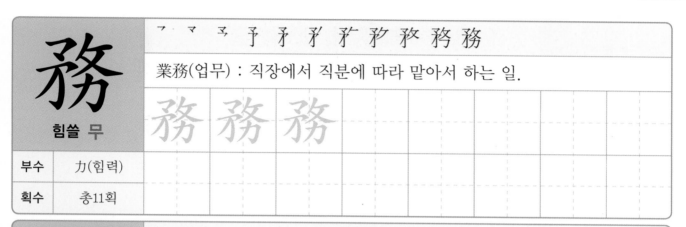

務 힘쓸 무	⺈ ⺊ ⺕ 予 矛 矛 矜 矜 矜 務 務
	業務(업무) : 직장에서 직분에 따라 맡아서 하는 일.
	務 務 務
부수 力(힘력)	
획수 총11획	

玆 이 자	⺍ ⺊ 宀 玄 玄 玄 玆 玆 玆 玆
	來玆(내자) : 올해의 바로 다음 해. 今玆(금자) : 올해.
	玆 玆 玆
부수 玄(검을현)	
획수 총10획	

稼 심을 가	⺻ ⺈ 千 千 禾 禾 秆 秆 秆 秆 秆 稼 稼 稼
	稼動(가동) : 기계 따위가 움직여 일하게 함.
	稼 稼 稼
부수 禾(벼화)	
획수 총15획	

穡 거둘 색	⺻ ⺈ 千 千 禾 秆 秆 秆 秆 稡 秳 穡 穡 穡 穡 穡
	稼穡(가색) : 곡식농사를 뜻함.
	穡 穡 穡
부수 禾(벼화)	
획수 총18획	

83 俶 載 南 畝

비로소 숙　실을 재　남녘 남　이랑 묘

비로소 남쪽 밭에서 농작물을 재배한다.

俶

비로소 숙

ノ 亻 仴 仴 什 付 忋 俅 俶 俶

俶獻(숙헌) : 처음으로 바침.

俶　俶　俶

부수	亻(사람인변)
획수	총10획

載

실을 재

一 十 キ 专 吉 吉 吉 責 責 車 載 載 載

搭載(탑재) : 배, 수레, 비행기 등에 물건을 싣는 일.

載　載　載

부수	車(수레거)
획수	총13획

南

남녘 남

一 十 广 内 内 南 南 南 南

南極(남극) : 자침이 가리키는 남쪽 끝.　南海(남해) : 남쪽에 있는 바다.

南　南　南

부수	十(열십)
획수	총9획

畝

이랑 묘

丶 亠 广 亩 亩 亩 亩 亩 畝 畝

田畝(전묘) : 밭의 고랑 사이에 흙을 높게 올려서 만든 두둑한 곳.

畝　畝　畝

부수	田(밭전)
획수	총10획

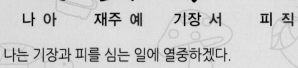

我 藝 黍 稷
나 아　　재주 예　　기장 서　　피 직

나는 기장과 피를 심는 일에 열중하겠다.

我
나 아

´ 一 于 手 我 我 我

自我(자아) : 자신에 대한 의식이나 관념.　我國(아국) : 우리나라.

| 我 | 我 | 我 | | | |

| 부수 | 戈(창과) |
| 획수 | 총7획 |

藝
재주 예

一 十 艹 莪 莪 莪 莪 莪 莪 蓻 蓻 蓻 蓻 藝 藝 藝

文藝(문예) : 문학과 예술.　技藝(기예) : 기술에 대한 재주.

| 藝 | 藝 | 藝 | | | |

| 부수 | 艹(초두머리) |
| 획수 | 총19획 |

黍
기장 서

´ 一 二 千 禾 禾 禾 禾 黍 黍 黍 黍

蜀黍(촉서) : 볏과의 한해살이풀인 수수를 말함.

| 黍 | 黍 | 黍 | | | |

| 부수 | 黍(기장서) |
| 획수 | 총12획 |

稷
피 직

一 二 千 千 禾 利 秒 稈 稈 稈 稈 稯 稯 稷 稷

稷唐(직당) : 옥수수.

| 稷 | 稷 | 稷 | | | |

| 부수 | 禾(벼화) |
| 획수 | 총15획 |

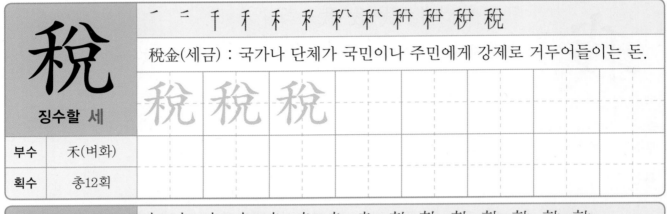

84 稅 熟 貢 新

징수할 세   익을 숙   바칠 공   새 신

곡식이 익으면 세금을 내고 햇곡식으로 종묘에 제사를 올린다.

稅	一 二 千 千 禾 禾 稅 稅 稅 稅 稅 稅
징수할 세	稅金(세금) : 국가나 단체가 국민이나 주민에게 강제로 거두어들이는 돈.
	稅 稅 稅
부수	禾(벼화)
획수	총12획

熟	' 一 亠 亠 音 亨 享 享 郭 孰 孰 孰 熟 熟 熟
익을 숙	熟考(숙고) : 곰곰이 잘 생각함. 未熟(미숙) : 열매가 채 익지 못한 상태.
	熟 熟 熟
부수	灬(연화발)
획수	총15획

貢	一 T 千 千 青 青 青 青 貢 貢
바칠 공	貢獻(공헌) : 사회를 위하여 이바지함. 歲貢(세공) : 해마다 바치는 곡물.
	貢 貢 貢
부수	貝(조개패)
획수	총10획

新	' 一 亠 亠 立 产 辛 辛 亲 亲 新 新 新
새 신	革新(혁신) : 묵은 제도나 방식을 고쳐서 새롭게 함.
	新 新 新
부수	斤(날근)
획수	총13획

勸 賞 黜 陟

권할 권   상줄 상   물리칠 출   오를 척

부지런한 농민에게는 상을 주고 게으른 자는 내쫓았다.

勸	一 十 キ キ 艹 芢 苷 苩 苗 芦 芦 莑 莑 萑 藿 藿 藿 勸 勸		
권할 권	勸誘(권유) : 어떤 일을 하도록 상대편에게 권함.		
부수 力(힘력)	勸 勸 勸		
획수 총20획			

賞	丷 丷 丷 丷 鬯 崀 告 告 背 尙 営 賞 賞 賞		
상줄 상	鑑賞(감상) : 예술 작품 등을 보고 깊이 음미하여 이해함.		
부수 貝(조개패)	賞 賞 賞		
획수 총15획			

黜	丨 冂 冂 冃 四 甲 里 里 黑 黑 黑 黜 黜 黜 黜 黜		
물리칠 출	減黜(감출) : 벼슬을 떨어뜨리어 물리침.		
부수 黑(검을흑)	黜 黜 黜		
획수 총17획			

陟	⻖ ⻖ ⻖ ⻖ ⻖ ⻖ ⻖ 陟 陟 陟		
오를 척	進陟(진척) : 일이 목적한 방향대로 진행되어 감.		
부수 阝(좌부변)	陟 陟 陟		
획수 총10획			

85

孟軻敦素

맏 맹　수레 가　도타울 돈　흴 소

맹자는 어머니의 교훈에 따라 자사의 문하에서 소양을 돈독히 하였다.

孟
맏 맹

ㄱ 了 子 子 舌 孟 孟 孟

孟浪(맹랑) : 하는 짓이 만만히 볼 수 없을 만큼 똘똘하고 깜찍함.

孟 孟 孟

부수	子(아들자)
획수	총8획

軻
수레 가

一 厂 厅 行 旨 盲 亘 車 軒 軒 軒 軻 軻

軻丘(가구) : 공자와 맹자를 뜻함.

軻 軻 軻

부수	車(수레거)
획수	총12획

敦
도타울 돈

ㄱ 亠 亠 冇 古 亩 亯 享 享 享 敦 敦

敦篤(돈독) : 인정이 도타움.　敦實(돈실) : 극진하고 부지런함.

敦 敦 敦

부수	攵(등글월문)
획수	총12획

素
흴 소

一 一 土 丰 圭 丰 표 素 素 素

素材(소재) : 예술 작품의 바탕이 되는 재료.

素 素 素

부수	糸(실사)
획수	총10획

史魚秉直

역사 사 물고기 어 잡을 병 곧을 직

사어는 그 성격이 곧고 매우 강직하였다.

월 일

史

역사 사

부수	口(입구)
획수	총5획

丨 冂 口 史 史

國史(국사) : 한 나라의 역사. 女史(여사) : 결혼한 여자를 높여 이르는 말.

史 史 史

魚

물고기 어

부수	魚(물고기어)
획수	총11획

丿 ⺈ 𠂊 匀 角 鱼 鱼 鱼 魚 魚 魚

魚卵(어란) : 물고기의 알. 養魚(양어) : 사람이 기른 물고기.

魚 魚 魚

秉

잡을 병

부수	禾(벼화)
획수	총8획

一 二 三 彐 彐 手 手 秉

秉權(병권) : 권력을 잡는 것. 秉軸(병축) : 정권을 잡음.

秉 秉 秉

直

곧을 직

부수	目(눈목)
획수	총8획

一 十 十 冇 有 有 直 直

直前(직전) : 바로 앞. 直後(직후) : 바로 뒤.

直 直 直

86

庶幾中庸

여러 서   몇 기   가운데 중   떳떳할 용

어떠한 일이든지 한쪽으로 기울어지면 안 된다.

庶 여러 서	` 一 广 户 庐 庐 庐 庐 庶 庶 庶
	庶子(서자) : 첩의 몸에서 난 아들. 庶孽(서얼) : 서자와 그 자손.
	庶 庶 庶
부수 广(엄호)	
획수 총11획	

幾 몇 기	` 乡 乡 乡 幺幺 幺幺 丝 糹 糹 幾 幾 幾
	幾微(기미) : 앞일에 대한 막연한 예상이나 낌새.
	幾 幾 幾
부수 幺(작을요)	
획수 총12획	

中 가운데 중	` 冂 口 中
	中斷(중단) : 중도에 끊어짐. 中心(중심) : 한가운데.
	中 中 中
부수 ㅣ(뚫을곤)	
획수 총4획	

庸 떳떳할 용	` 一 广 户 户 庐 庐 庐 肩 肩 庸
	庸劣(용렬) : 못생기고 어리석으며 변변하지 못함.
	庸 庸 庸
부수 广(엄호)	
획수 총11획	

勞 謙 謹 勅

힘쓸 로(노) 겸손할 겸   삼갈 근   경계할 칙

수고하고 겸손하며 삼가고 경계해야 중용의 도에 이른다.

勞	` ` ` ` ` 火 火 火 炒 炒 炒 炒 炒 勞 勞
힘쓸 로(노)	勤勞(근로) : 일정한 시간 동안 일정한 노무에 종사하는 일.
	勞 勞 勞
부수 力(힘력)	
획수 총12획	

謙	` ` ` 言 言 言 言 言 言 言 言 諅 諅 謙 謙
겸손할 겸	謙虛(겸허) : 겸손하게 자기를 낮춤. 謙讓(겸양) : 겸손한 태도로 사양함.
	謙 謙 謙
부수 言(말씀언)	
획수 총17획	

謹	` ` ` 言 言 言 言 訮 訮 訮 諽 諽 諽 諽 謹 謹
삼갈 근	謹嚴(근엄) : 조심성 있고 엄밀함. 謹細(근세) : 긴밀함.
	謹 謹 謹
부수 言(말씀언)	
획수 총18획	

勅	` ` ` ` 申 束 束 軓 勅
경계할 칙	勅命(칙명) : 임금의 명령. 密勅(밀칙) : 임금이 비밀리에 내리던 명령.
	勅 勅 勅
부수 力(힘력)	
획수 총9획	

87

聆 音 察 理

들을 령(영)　소리 음　살필 찰　다스릴 리

소리를 듣고 거동을 살펴서 작은 일이라도 주의해야 한다.

聆	⁻ ⌐ Ⅱ Ⅱ Ⅱ ⺼ ⺼ ⺼ ⺼ ⺼ ⺼ 聆 聆 聆		
들을 령(영)	瞻聆(첨령) : 여러 사람이 보고 듣는 일.		
	聆	聆	聆
부수　耳(귀이)			
획수　총11획			

音	⌐ ⊥ ⊥ 立 产 音 音 音 音		
소리 음	騷音(소음) : 시끄럽고 불쾌감을 자아내는 소리.		
	音	音	音
부수　音(소리음)			
획수　총9획			

察	' ' ' 宀 宀 宀 宀 宀 宀 宀 宊 宊 宊 宊 察 察		
살필 찰	檢察(검찰) : 범죄를 수사하고 사실과 증거를 찾는 일.		
	察	察	察
부수　宀(갓머리)			
획수　총14획			

理	⁻ ⁻ ⁼ ⁼ 王 玎 玎 玴 玾 珄 珄 理 理		
다스릴 리	管理(관리) : 일을 맡아 처리하거나 지휘, 감독하는 것.		
	理	理	理
부수　王(구슬옥변)			
획수　총11획			

鑑 貌 辨 色

거울 감　모양 모　분별 변　빛 색

용모와 얼굴색을 보고 그 마음속을 분별할 수 있다.

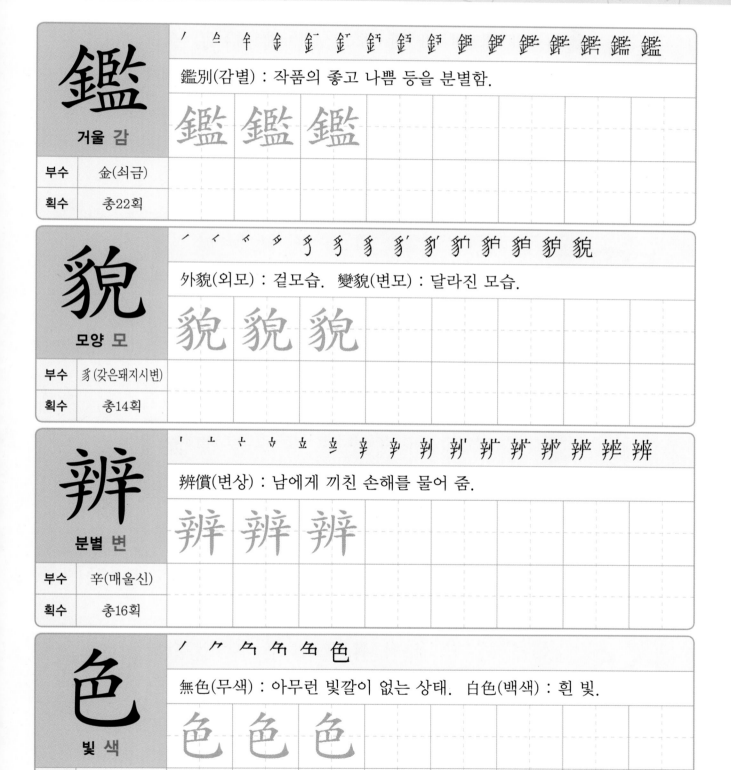

鑑	ノ ᅩ 牟 金 釒 釓 釒 釒 鉀 鉀 鍂 鑑 鑑 鑑 鑑
거울 감	鑑別(감별) : 작품의 좋고 나쁨 등을 분별함.
	鑑　鑑　鑑
부수　金(쇠금)	
획수　총22획	

貌	ノ ノ ᅡ ゔ 豸 豸 豸 豸 貈 貈 貉 貉 貌
모양 모	外貌(외모) : 겉모습. 變貌(변모) : 달라진 모습.
	貌　貌　貌
부수　豸(갖은돼지시변)	
획수　총14획	

辨	ᅩ ᅩ ᅩ ᅭ ᅭ 辛 辛 剃 剃 新 新 辨 辨 辨 辨
분별 변	辨償(변상) : 남에게 끼친 손해를 물어 줌.
	辨　辨　辨
부수　辛(매울신)	
획수　총16획	

色	ノ ᅡ ᅿ 各 各 色
빛 색	無色(무색) : 아무런 빛깔이 없는 상태. 白色(백색) : 흰 빛.
	色　色　色
부수　色(빛색)	
획수　총6획	

88

貽 厥 嘉 猷

끼칠 이　　그 궐　아름다울 가　꾀 유

자손에게 좋은 것을 남기려면 착한 일을 해야 한다.

貽
끼칠 이

丨 丨丨 丨目 目 目 貝 貝 貯 貯 貯 貽 貽

貽笑(이소) : 남에게 비웃음을 당함.　貽害(이해) : 남에게 해를 끼침.

貽 貽 貽

부수	貝(조개패)
획수	총12획

厥
그 궐

一 厂 厂 厃 厃 严 厈 戸 厥 厥 厥 厥 厥

厥明(궐명) : 다음 날 날이 밝을 무렵.

厥 厥 厥

부수	厂(민엄호)
획수	총12획

嘉
아름다울 가

一 十 声 声 吉 吉 吉 亨 壴 亭 嘉 嘉 嘉 嘉

嘉尙(가상) : 칭찬하고 갸륵하게 여김.

嘉 嘉 嘉

부수	口(입구)
획수	총14획

猷
꾀 유

丿 丷 亼 亼 乍 台 斺 斺 酋 酋 酋 猷 猷

高猷(고유) : 뛰어난 계책.　光猷(광유) : 밝은 계책.

猷 猷 猷

부수	犬(개견)
획수	총13획

勉 其 祗 植

힘쓸 면   그 기   공경할 지   심을 식

착한 것을 자손에 심어 주는 데에 힘써야 한다.

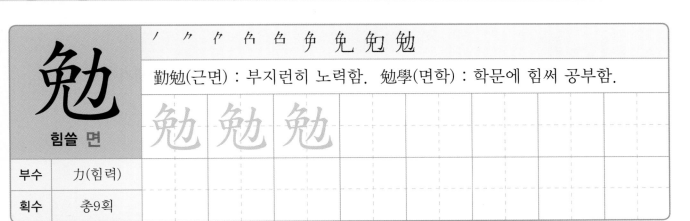

勉 힘쓸 면	ノ ⺈ ⺈ ⺈ ⺈ 免 免 勉 勉
	勤勉(근면) : 부지런히 노력함. 勉學(면학) : 학문에 힘써 공부함.
부수 力(힘력) **획수** 총9획	勉 勉 勉

其 그 기	一 十 丗 丗 丗 甘 其 其 其
	其他(기타) : 그것 외에 또 다른 것. 及其也(급기야) : 마지막에는.
부수 八(여덟팔) **획수** 총8획	其 其 其

祗 공경할 지	⺀ ⺀ 〒 〒 示 示 祉 祉 祗 祗
	祗侯(지후) : 삼가 어른을 모시어 시중을 듦.
부수 示(보일시) **획수** 총10획	祗 祗 祗

植 심을 식	一 十 十 才 未 柿 柿 柿 椬 椬 植 植
	耕植(경식) : 땅을 일구어 농작물을 심어 가꾸는 일.
부수 木(나무목) **획수** 총12획	植 植 植

89 省 躬 譏 誡

살필 성 　 몸 궁 　 나무랄 기 　 경계 계

나무람과 경계할 것이 있는지 자신을 살펴야 한다.

省 살필 성	ノ ゝ 小 少 少 岁 省 省 省
	反省(반성) : 잘못이 있었는지 자신의 행동을 돌이켜 생각해보는 일.
	省 省 省
부수 目(눈목)	
획수 총9획	

躬 몸 궁	´ ´ ſ ʃ 自 身 身 身 躬 躬
	躬進(궁진) : 자신이 몸소 감. 聖躬(성궁) : 임금의 몸.
	躬 躬 躬
부수 身(몸신)	
획수 총10획	

譏 나무랄 기	ˉ ̄ ̇ ̇ ̇ ̇ ̇ ̇ ̇ ̇ ̇ ̇ ̇ 譏 譏 譏
	譏謗(기방) : 남을 헐뜯어서 말함. 譏讒(기참) : 남을 비방함.
	譏 譏 譏
부수 言(말씀언)	
획수 총19획	

誡 경계 계	ˉ ̄ ̇ ̇ ̇ ̇ ̇ ̇ ̇ 誡 誡 誡 誡 誡
	誡勉(계면) : 훈계하고 격려함. 守誡(수계) : 계명을 지킴.
	誡 誡 誡
부수 言(말씀언)	
획수 총14획	

寵增抗極

사랑할 총   더할 증   저항할 항   다할 극

총애를 받을수록 교만하지 말고 더욱 조심해야 한다.

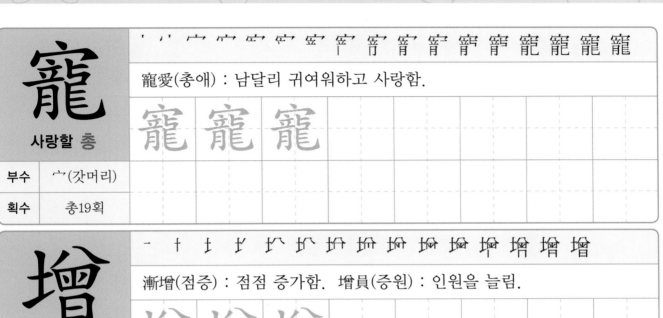

寵
사랑할 총

' ' 宀 宀 宓 宓 宓 宗 宗 宗 宗 宠 宠 寵 寵 寵 寵

寵愛(총애) : 남달리 귀여워하고 사랑함.

寵 寵 寵

| 부수 | 宀(갓머리) |
| 획수 | 총19획 |

增
더할 증

一 十 土 圹 圹 圹 圹 圹 圹 圹 圹 圹 增 增 增

漸增(점증) : 점점 증가함. 增員(증원) : 인원을 늘림.

增 增 增

| 부수 | 土(흙토) |
| 획수 | 총15획 |

抗
저항할 항

一 十 扌 扩 扩 扩 抗

對抗(대항) : 서로 맞서서 버티어 겨룸. 抗拒(항거) : 대항하여 버팀.

抗 抗 抗

| 부수 | 扌(재방변) |
| 획수 | 총7획 |

極
다할 극

一 十 十 才 杠 杠 杧 柯 柯 柯 極 極 極

積極(적극) : 어떤 대상에 대하여 긍정적이고 능동적으로 활동함.

極 極 極

| 부수 | 木(나무목) |
| 획수 | 총13획 |

殆辱近恥

위태할 태 욕할 욕 가까울 근 부끄러울 치

위태롭고 욕된 일을 하면 머지않아 부끄러움을 당할 것이다.

殆 **위태할 태**	一 丁 歹 歹 妒 妒 殆 殆 殆
	危殆(위태) : 마음을 놓을 수 없을 정도로 위태로운 형세.
부수 歹(죽을사변) **획수** 총9획	殆 殆 殆

辱 **욕할 욕**	一 厂 尸 尸 尼 辰 辰 辰 辱 辱
	恥辱(치욕) : 부끄럽고 욕됨. 辱說(욕설) : 남을 무시하거나 저주하는 말.
부수 辰(별진) **획수** 총10획	辱 辱 辱

近 **가까울 근**	一 厂 斤 斤 斤 斤 近 近 近
	接近(접근) : 가까이 다가감. 側近(측근) : 가까이 친한 사람.
부수 辶(책받침) **획수** 총8획	近 近 近

恥 **부끄러울 치**	一 厂 丅 F F 耳 耳 耳 耻 耻 恥
	羞恥(수치) : 스스로 떳떳하지 못해서 느끼는 부끄러움.
부수 心(마음심) **획수** 총10획	恥 恥 恥

林皐幸卽

수풀 림(임) 언덕 고 다행 행 곧 즉

산간수풀에서 편히 지내는 것도 다행한 일이다.

林

수풀 림(임)

부수 木(나무목)
획수 총8획

一 十 才 オ ホ 村 材 林

山林(산림) : 산과 숲.   密林(밀림) : 나무들이 빽빽하게 들어선 깊은 숲.

林 林 林

皐

언덕 고

부수 白(흰백)
획수 총11획

' ' 冂 丬 白 白 皇 皇 皇 皇 皐

皐蘭草(고란초) : 고란초과의 상록 여러해살이풀.

皐 皐 皐

幸

다행 행

부수 干(방패간)
획수 총8획

一 十 ╁ ╁ ╁ 查 幸 幸

幸運(행운) : 행복하거나 좋은 운수.   天幸(천행) : 하늘이 준 행운.

幸 幸 幸

卽

곧 즉

부수 卩(병부절)
획수 총9획

' ' 冂 白 白 白 自 卽 卽

卽席(즉석) : 어떤 일이 진행되는 바로 그 자리.

卽 卽 卽

두 량(양)　상소할 소　볼 견　틀 기

한나라의 소광과 소수는 기회를 살펴 상소하고 고향으로 돌아갔다.

兩 두 량(양)	一 厂 厂 厂 币 币 雨 兩 兩
	斤兩(근량) : 무게 단위의 근과 양.
	兩　兩　兩
부수 入(들입)	
획수 총8획	

疏 상소할 소	㇇ 了 了 孓 矛 疋 疋 疋 疏 疏 疏 疏
	疏忽(소홀) : 대수롭지 않고 데면데면 여김.　疏外(소외) : 따돌려 멀리함.
	疏　疏　疏
부수 疋(짝필)	
획수 총12획	

見 볼 견	丨 冂 冂 目 目 貝 見
	偏見(편견) : 공정하지 못하고 한쪽으로 치우친 생각.
	見　見　見
부수 見(볼견)	
획수 총7획	

機 틀 기	一 十 才 木 杉 松 松 松 松 松 松 松 松 機 機 機
	危機(위기) : 위험한 고비.　契機(계기) : 일이 일어나거나 결정되는 근거.
	機　機　機
부수 木(나무목)	
획수 총16획	

解組誰逼

풀 해   짤 조   누구 수   핍박할 핍

관의 끈을 풀고 사직하고 돌아가니 누가 핍박하겠는가.

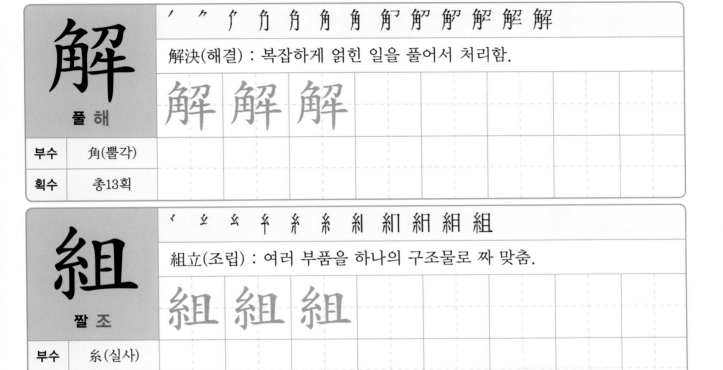

解

풀 해

ノ ク ヶ カ 角 角 角 角 解 解 解 解 解

解決(해결) : 복잡하게 얽힌 일을 풀어서 처리함.

解 解 解

부수 角(뿔각)

획수 총13획

組

짤 조

ㄑ ㄠ ㄠ ㄠ ㅗ 糸 糸 紅 組 組 組 組

組立(조립) : 여러 부품을 하나의 구조물로 짜 맞춤.

組 組 組

부수 糸(실사)

획수 총11획

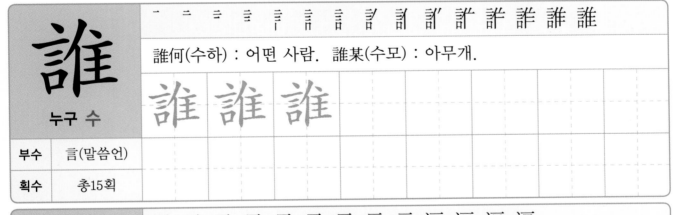

誰

누구 수

ㅡ ㅡ ㅡ ㅡ 言 言 言 言 訁 訁 訐 訝 詐 誰 誰

誰何(수하) : 어떤 사람. 誰某(수모) : 아무개.

誰 誰 誰

부수 言(말씀언)

획수 총15획

逼

핍박할 핍

ㅡ ㅜ ㄷ ㄷ 戸 戸 畐 畐 畐 畐 逼 逼 逼

逼迫(핍박) : 사람을 바짝 죄어서 억누르고 괴롭히는 것.

逼 逼 逼

부수 辶(책받침)

획수 총13획

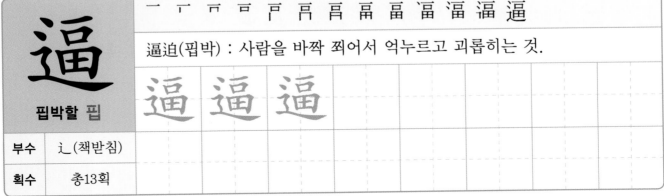

관직을 떠나 한가한 곳을 찾아서 조용히 지냈다.

索 찾을 색	一 十 宀 宀 宀 虍 妻 妻 索 索
	檢索(검색) : 컴퓨터나 책 등을 이용해 필요한 자료를 찾아내는 일.
	索 索 索
부수 糸(실사)	
획수 총10획	

居 살 거	一 尸 尸 尸 尸 尸 居 居
	居住(거주) : 일정한 곳에 자리를 잡고 머물러 사는 것.
	居 居 居
부수 尸(주검시엄)	
획수 총8획	

閑 한가 한	丨 冂 冂 冂 冂 門 門 門 門 閑 閑 閑
	閑散(한산) : 일이 없어 한가하고 쓸쓸함.
	閑 閑 閑
부수 門(문문)	
획수 총12획	

處 곳 처	一 卜 卜 广 户 卢 卢 虍 虍 處 處
	處理(처리) : 사무나 사건 따위를 절차에 따라 정리하거나 마무리를 지음.
	處 處 處
부수 虍(범호엄)	
획수 총11획	

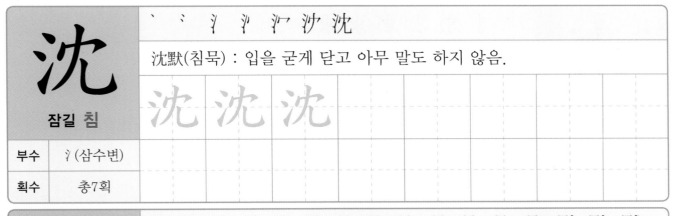

沈默寂寥

잠길 침　잠잠할 묵　고요할 적　쓸쓸할 요

잠긴 듯 말이 없고 고요하기만 하다.

월　　일

沈	丶 丶 氵 氵 浐 沙 沈
잠길 침	沈默(침묵) : 입을 굳게 닫고 아무 말도 하지 않음.
	沈 沈 沈
부수　氵(삼수변)	
획수　총7획	

黙	丨 冂 冂 冂 罒 甲 里 里 里 黑 黑 黑 黑、黙 黙 黙
잠잠할 묵	黙想(묵상) : 눈을 감고 말없이 마음속으로 생각함.
	黙 黙 黙
부수　黑(검을흑)	
획수　총16획	

寂	丶 丶 宀 宀 宁 宓 宋 宋 宋 寂 寂
고요할 적	靜寂(정적) : 고요하고 쓸쓸함.　孤寂(고적) : 쓸쓸하고 외로움.
	寂 寂 寂
부수　宀(갓머리)	
획수　총11획	

寥	丶 丶 宀 宀 宁 宛 宛 宛 宛 寥 寥 寥 寥
쓸쓸할 요	寂寥(적요) : 적적하고 쓸쓸하거나 적막함.
	寥 寥 寥
부수　宀(갓머리)	
획수　총14획	

93 求古尋論

구할 구   옛 고   찾을 심   의논할 론

옛 성현들의 도를 본받아 의논하고 토론한다.

求 구할 구	一 丁 寸 寸 才 求 求
	追求(추구) : 목적을 이룰 때까지 뒤좇아 구함.
	求 求 求
부수 氺(아래물수)	
획수 총7획	

古 옛 고	一 十 十 古 古
	古典(고전) : 옛날의 법식이나 의식. 古物(고물) : 낡고 헌 물건.
	古 古 古
부수 口(입구)	
획수 총5획	

尋 찾을 심	ㄱ ㅋ ㅋ ㅋ ㅋ ㅋ ㅋ 尋 尋 尋 尋
	尋常(심상) : 대수롭지 않고 예사로움. 推尋(추심) : 찾아내서 가져옴.
	尋 尋 尋
부수 寸(마디촌)	
획수 총12획	

論 의논할 론	一 一 三 言 言 言 言 言 診 診 論 論 論 論
	討論(토론) : 어떤 논제를 둘러싸고 여러 사람이 각각 의견을 말하며 논의함.
	論 論 論
부수 言(말씀언)	
획수 총15획	

散慮逍遙

흩을 산   생각 려   거닐 소   거닐 요

세상일을 잊어버리고 자연 속에서 한가로이 즐긴다.

散
흩을 **산**

부수	攴(등글월문)
획수	총12획

一 十 廿 世 莊 昔 背 背 散 散 散

霧散(무산) : 안개가 걷히는 것처럼 흔적 없이 사라짐.

散 散 散

慮
생각 **려**

부수	心(마음심)
획수	총15획

丶 广 广 户 虍 虍 虐 虐 虏 盧 盧 慮 慮 慮

憂慮(우려) : 어떤 일이 일어나기 전에 잘못되지 않을까 걱정하는 것.

慮 慮 慮

逍
거닐 **소**

부수	辶(책받침)
획수	총11획

丶 亅 小 忄 肖 肖 肖 肖 肖 消 逍

逍風(소풍) : 운동이나 자연 관찰 등을 위해 학생들이 단체로 야외를 다녀오는 일.

逍 逍 逍

遙
거닐 **요**

부수	辶(책받침)
획수	총14획

丿 勹 夕 夕 夕 爫 呑 呑 夆 盜 夈 夈 遙 遙

遙天(요천) : 아득히 먼 하늘. 遙遙(요요) : 멀고 아득함.

遙 遙 遙

94

欣奏累遣

기쁠 흔　아뢸 주　더럽힐 루(누)　보낼 견

기쁨은 불러들이고 더러움은 떠나보낸다.

欣
기쁠 흔

´ ⺁ ⺉ ⺁ 斤 斦 斦 欣 欣

欣然(흔연) : 기쁘거나 반가워 기분이 좋음.

欣　欣　欣

부수	欠(하품흠)
획수	총8획

奏
아뢸 주

一 一 三 手 夫 夫 表 奏 奏

演奏(연주) : 악기를 다루어 음악을 들려주는 일.

奏　奏　奏

부수	大(큰대)
획수	총9획

累
더럽힐 루(누)

丨 冂 冂 田 田 田 甲 畀 畧 畧 累 累

連累者(연루자) : 남이 저지른 죄에 관계된 사람.

累　累　累

부수	糸(실사)
획수	총11획

遣
보낼 견

丨 冂 冂 冃 冉 串 串 串 咢 咢 甾 甾 遣 遣

派遣(파견) : 일정한 임무를 주어 사람을 보내는 일.

遣　遣　遣

부수	辶(책받침)
획수	총14획

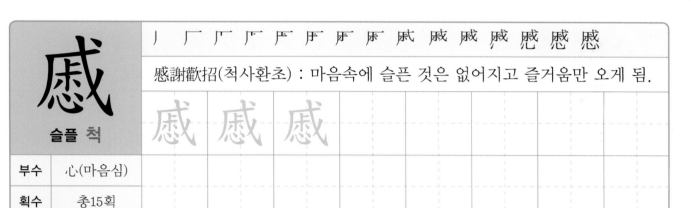

感 謝 歡 招

슬플 척　사례 사　기뻐할 환　부를 초

슬픔은 없어지고 기쁨은 부른 듯이 찾아온다.

感 슬플 척	ノ 厂 厂 厂 厂 厂 厂 厂 感 感 感 感 感 感 感
	感謝歡招(척사환초) : 마음속에 슬픈 것은 없어지고 즐거움만 오게 됨.
	感　感　感
부수　心(마음심)	
획수　총15획	

謝 사례 사	一 一 一 言 言 言 言 訂 訂 訂 訃 謝 謝 謝 謝 謝
	謝禮(사례) : 돈이나 금품을 주며 상대방에게 고마움을 표현하는 인사.
	謝　謝　謝
부수　言(말씀언)	
획수　총17획	

歡 기뻐할 환	一 艹 艹 艹 艹 艹 芭 荜 荜 荜 荜 荜 荜 荜 歡 歡
	哀歡(애환) : 슬픔과 기쁨.　歡聲(환성) : 기뻐서 외치는 소리.
	歡　歡　歡
부수　欠(하품흠)	
획수　총22획	

招 부를 초	一 一 扌 扌 扚 扚 招 招 招
	自招(자초) : 스스로 그러한 결과를 오게 함.
	招　招　招
부수　扌(재방변)	
획수　총8획	

95

渠 荷 的 歷

개천 거　연꽃 하　밝을 적　분명할 력

개천의 연꽃도 빛이 또렷하고 아름답다.

渠 개천 거	丶 丶 氵 氵 汜 汇 沪 沪 洰 洰 渠 渠 渠
	街渠(가거) : 물이 잘 빠지도록 길 양쪽에 만든 얕은 도랑.
	渠 渠 渠
부수　氵(삼수변)	
획수　총12획	

荷 연꽃 하	一 十 士 艹 艹 芢 芢 芢 荷 荷 荷
	荷花(하화) : 연꽃을 말하며 수련과의 여러해살이 수초임.
	荷 荷 荷
부수　艹(초두머리)	
획수　총11획	

的 밝을 적	′ 亻 亻 自 自 自 的 的 的
	法的(법적) : 법에 따른 것.　標的(표적) : 목표가 되는 물건.
	的 的 的
부수　白(흰백)	
획수　총8획	

歷 분명할 력	一 厂 厂 厂 厍 厍 厤 厤 厤 厤 厤 厤 厤 厤 歷 歷
	經歷(경력) : 지금까지 해온 여러 가지 일.
	歷 歷 歷
부수　止(그칠지)	
획수　총16획	

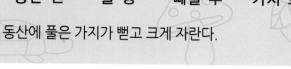

園莽抽條

동산 원　풀 망　빼낼 추　가지 조

동산에 풀은 가지가 뻗고 크게 자란다.

園		一 冂 冂 冃 冃 冐 冐 園 園 園 園 園 園
동산 원		樂園(낙원) : 아무런 걱정이나 부족함 없이 편히 살 수 있는 즐거운 곳.
부수	口(큰입구몸)	園 園 園
획수	총13획	

莽		一 十 卄 艹 芦 芾 茻 莽
풀 망		麤莽(추망) : 꼼꼼하지 못하고 조심성이 없음.
부수	艹(초두머리)	莽 莽 莽
획수	총10획	

抽		一 十 扌 扣 扣 抽 抽 抽
빼낼 추		抽籤(추첨) : 제비를 뽑는 일.　抽身(추신) : 바쁜 가운데에서 몸을 뺌.
부수	扌(재방변)	抽 抽 抽
획수	총8획	

條		丿 亻 亻 伫 伫 伫 條 條 條 條 條
가지 조		無條件(무조건) : 어떤 일을 함에 있어서 아무런 조건이 없음.
부수	木(나무목)	條 條 條
획수	총11획	

96 枇杷晚翠

비파나무 비 비파나무 파 늦을 만 푸를 취

비파나무는 늦은 겨울에도 그 잎이 푸르다.

枇	一 十 十 才 木 杧 杧 枇		
비파나무 비	枇杷酒(비파주) : 익은 비파를 발효시켜 만든 술.		
	枇 枇 枇		
부수 木(나무목)			
획수 총8획			

杷	一 十 十 才 木 朾 朾 杷		
비파나무 파	枇杷(비파) : 비파나무의 열매. 杷杯(파배) : 손잡이가 달린 술잔.		
	杷 杷 杷		
부수 木(나무목)			
획수 총8획			

晚	丨 冂 冂 日 日 旷 旷 晀 晀 晔 晚 晚		
늦을 만	晚成(만성) : 늦게야 이루어짐. 晚秋(만추) : 늦가을.		
	晚 晚 晚		
부수 日(날일)			
획수 총12획			

翠	丁 丁 习 羽 羽 羽 羿 翠 翠 翠 翠 翠 翠 翠		
푸를 취	翡翠(비취) : 짙은 초록색의 경옥으로 보석으로 쓰임.		
	翠 翠 翠		
부수 羽(깃우)			
획수 총14획			

梧桐早凋

오동나무 오 오동나무 동   이를 조   시들 조

오동나무는 가을이면 잎이 다른 나무보다 먼저 시든다.

梧 오동나무 오	一 十 十 木 木 枦 枦 梧 梧 梧 梧
	梧葉(오엽) : 오동나무 잎. 梧陰(오음) : 오동나무 그늘.
부수 木(나무목) 획수 총11획	梧 梧 梧

桐 오동나무 동	一 十 十 木 木 刋 杤 桐 桐 桐
	碧梧桐(벽오동) : 벽오동과에 딸린 갈잎큰키나무로 잎이 큼.
부수 木(나무목) 획수 총10획	桐 桐 桐

早 이를 조	丨 冂 冃 目 曱 曱 早
	早速(조속) : 매우 이르고도 빠름. 早期(조기) : 빠른 시기.
부수 日(날일) 획수 총6획	早 早 早

凋 시들 조	丶 冫 冫 冴 冴 冽 凋 凋 凋 凋
	凋弊(조폐) : 시들어 없어짐. 凋落(조락) : 시들어 떨어짐.
부수 冫(이수변) 획수 총10획	凋 凋 凋

97 陳根委翳

묵을 진 뿌리 근 시들 위 말라죽을 예

가을이 오면 고목의 뿌리는 시들어 마른다.

陳 묵을 진	⁊ ⁊ ⻖ ⻖ 阝 阝 阝 阿 阿 陣 陳 陳
	陳腐(진부) : 생각이나 행동 등이 낡아서 새롭지 못함.
	陳 陳 陳
부수 阝(좌부변)	
획수 총11획	

根 뿌리 근	一 十 才 才 木 杧 柯 柯 柜 根 根
	根絶(근절) : 다시 살아나거나 나타날 수 없게 뿌리째 끊어 없애 버림.
	根 根 根
부수 木(나무목)	
획수 총10획	

委 시들 위	一 二 千 千 千 禾 禾 委 委
	委囑(위촉) : 어떤 일을 남에게 부탁하여 맡게 함.
	委 委 委
부수 女(계집녀)	
획수 총8획	

翳 말라죽을 예	一 ⼹ ⼹ 医 医 医 医 医 医 医 医 医 医 翳 翳 翳 翳
	雲翳(운예) : 햇빛을 가린 구름의 그늘이나 그림자.
	翳 翳 翳
부수 羽(깃우)	
획수 총17획	

落葉飄颻

떨어질 락(낙)　잎사귀 엽　나부낄 표　나부낄 요

가을이 오면 낙엽이 펄펄 날리며 떨어진다.

落

一 十 ナ ナ 艹 艹 莎 莎 茨 茨 茨 落 落

墜落(추락) : 높은 곳에서 떨어짐.　漏落(누락) : 기록에서 빠짐.

落 落 落

떨어질 락(낙)

부수	艹(초두머리)
획수	총13획

葉

一 十 ナ 艹 芹 艼 芉 苹 苹 苹 葉 葉 葉

落葉(낙엽) : 떨어진 나뭇잎.　闊葉(활엽) : 넓고 큰 잎사귀.

葉 葉 葉

잎사귀 엽

부수	艹(초두머리)
획수	총13획

飄

一 冖 币 西 酉 孚 票 票 飘 飘 飘 飄 飄 飄 飄

飄風(표풍) : 회오리바람.　飄轉(표전) : 정처 없이 굴러다님.

飄 飄 飄

나부낄 표

부수	風(바람풍)
획수	총20획

颻

ノ ク タ タ タ 乒 乑 乑 备 备 颎 颎 颎 颎 颎 颎 颻 颻

落葉飄颻(낙엽표요) : 가을이 오면 낙엽이 날리며 떨어짐.

颻 颻 颻

나부낄 요

부수	風(바람풍)
획수	총19획

98 游鯤獨運

헤엄칠 유   곤이 곤   홀로 독   운전 운

곤어는 북해의 큰 고기이며 홀로 헤엄치며 논다.

游 헤엄칠 유	丶 丶 丶 氵 汸 汸 汸 游 汸 游 游 游 游泳(유영) : 헤엄치며 노는 것. 游魚(유어) : 물속에서 노는 고기. 游 游 游	
부수	氵(삼수변)	
획수	총12획	

鯤 곤이 곤	丿 勹 勹 与 鱼 鱼 鱼 鱼 鯤 鯤 鯤 鯤 鯤 鯤 鯤 鯤 鯤鮞(곤이) : 물고기의 알. 鯤 鯤 鯤	
부수	魚(물고기어)	
획수	총19획	

獨 홀로 독	丿 犭 犭 犭 犭 犭 犭 犭 獨 獨 獨 獨 獨 獨 獨 獨 單獨(단독) : 단 한 사람, 혼자. 獨立(독립) : 남의 힘을 입지 않고 홀로 섬. 獨 獨 獨	
부수	犭(개사슴록변)	
획수	총16획	

運 운전 운	丶 宀 冖 冖 宀 宣 宣 宣 軍 軍 渾 運 運 氣運(기운) : 어떤 일이 벌어지려고 하는 분위기를 뜻함. 運 運 運	
부수	辶(책받침)	
획수	총13획	

凌摩絳霄

업신여길 릉(능) 만질 마　붉을 강　하늘 소

붉게 물든 하늘을 넘어서 힘차게 난다.

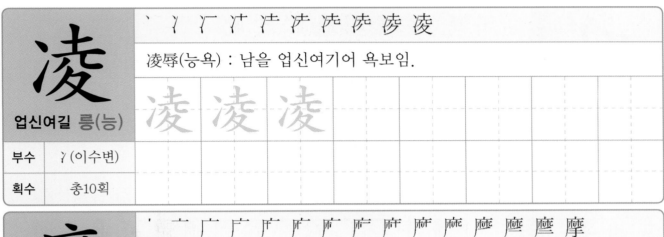

凌	丶 冫 冫 冫 沽 沽 洁 浐 凌 凌 凌
업신여길 릉(능)	凌辱(능욕) : 남을 업신여기어 욕보임.
	凌　凌　凌
부수　冫(이수변)	
획수　총10획	

摩	丶 亠 广 广 庐 庐 庐 庐 庐 麻 麻 摩 摩 磨 摩
만질 마	摩擦(마찰) : 두 물체가 서로 닿아 비벼지면서 생기는 힘.
	摩　摩　摩
부수　手(손수)	
획수　총15획	

絳	丶 纟 纟 纟 幺 糸 糸 糸 紣 紣 絳 絳 絳
붉을 강	絳繷(강추) : 고추잠자리. 絳帳(강장) : 붉은 빛깔의 휘장.
	絳　絳　絳
부수　糸(실사)	
획수　총12획	

霄	一 厂 戶 戶 雨 雨 雨 雨 雨 雨 霄 霄 霄 霄 霄
하늘 소	凌霄花(능소화) : 능소화나무의 꽃. 元霄(원소) : 공중.
	霄　霄　霄
부수　雨(비우)	
획수　총15획	

耽 讀 翫 市

즐길 탐　읽을 독　가지고놀 완　저자 시

한나라의 왕충은 독서를 즐겨 서점에 가서 책을 읽었다.

耽	一 厂 厂 F F 耳 耳 耵 耽 耽
즐길 탐	耽溺(탐닉) : 어떤 일을 몹시 즐겨서 거기에 빠짐.
	耽 耽 耽
부수　耳(귀이)	
획수　총10획	

讀	一 亠 亠 亖 亖 言 訃 誌 誌 請 諪 諿 讀 讀 讀 讀
읽을 독	精讀(정독) : 뜻을 새겨 가며 자세히 살피어 읽음.
	讀 讀 讀
부수　言(말씀언)	
획수　총22획	

翫	⺄ ⺄ ⺄ 羽 羽 羽 羽 翌 翌 翌 翌 翟 翫 翫
가지고놀 완	耽讀翫市(탐독완시) : 한나라의 왕충은 독서를 즐겨 서점에 가서 탐독했음.
	翫 翫 翫
부수　羽(깃우)	
획수　총15획	

市	一 亠 广 方 市
저자 시	市長(시장) : 한 시의 행정을 맡아보는 우두머리를 이르는 말.
	市 市 市
부수　巾(수건건)	
획수　총5획	

寓目囊箱

붙일 우　눈 목　주머니 낭　상자 상

왕충은 글을 한 번 읽으면 잊지 않아 글을 주머니나 상자에 넣어 둔 것과 같았다.

寓
붙일 우

丶丶宀宀宀宀宇宇宇寓寓寓

寓話(우화) : 다른 사물에 빗대어서 교훈적이며 풍자적인 내용을 엮은 이야기.

寓　寓　寓

부수	宀(갓머리)
획수	총12획

目
눈 목

丨冂冃目目

眼目(안목) : 사물을 보고 분별하는 견식.

目　目　目

부수	目(눈목)
획수	총5획

囊
주머니 낭

一一亠亩声声声亩亩盡壺壺壺嚢嚢嚢囊

背囊(배낭) : 여행이나 소풍을 갈 때 필요한 물건을 담아 등에 메는 가방.

囊　囊　囊

부수	口(입구)
획수	총22획

箱
상자 상

丿𥫗𥫗𥫗𥫗𥫗𥫗𥫗竻竻箱箱箱箱箱

箱子(상자) : 물건을 넣어두기 위해 만든 네모난 그릇.

箱　箱　箱

부수	竹(대죽)
획수	총15획

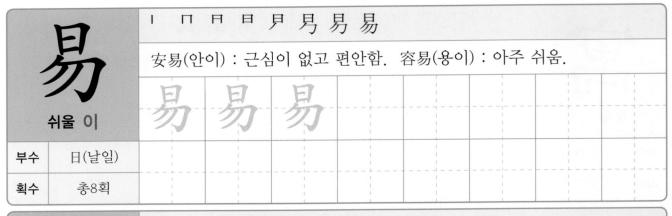

100 易 輶 攸 畏

쉬울 이　가벼울 유　　바 유　두려워할 외

군자는 쉽고 가벼운 일이라도 조심하여 두려워해야 한다.

易 쉬울 이	丨 冂 冂 日 日 尸 月 易 易
	安易(안이) : 근심이 없고 편안함.　容易(용이) : 아주 쉬움.
	易　易　易
부수　日(날일)	
획수　총8획	

輶 가벼울 유	一 冂 亘 車 軒 軒 輶 輶
	易輶攸畏(이유유외) : 매사를 소홀히 하고 경솔한 것은 군자가 두려워하는 것임.
	輶　輶　輶
부수　車(수레거)	
획수　총16획	

攸 바 유	丿 亻 亻 亻 攸 攸 攸
	攸好德(유호덕) : 오복의 하나로 도덕을 지키는 것을 낙으로 삼음.
	攸　攸　攸
부수　攵(등글월문)	
획수　총7획	

畏 두려워할 외	丨 冂 冂 冂 用 田 甼 畏 畏 畏
	敬畏(경외) : 공경하고 두려워함.　可畏(가외) : 두려워할 만함.
	畏　畏　畏
부수　田(밭전)	
획수　총9획	

屬耳垣牆
붙을 속   귀 이   담 원   담 장

담장에도 귀가 있다는 말과 같이 함부로 말해서는 안 된다.

屬
붙을 속

一 コ ヂ ア ア ア ア ア 屬 屬 屬 屬 屬 屬 屬 屬 屬

屬性(속성) : 사물의 특징이나 성질. 金屬(금속) : 금붙이나 쇠붙이.

屬 屬 屬

부수	尸(주검시엄)
획수	총21획

耳
귀 이

一 丁 厂 F F 耳 耳

耳目(이목) : 귀와 눈을 말하며, 남들의 주의를 뜻하기도 함.

耳 耳 耳

부수	耳(귀이)
획수	총6획

垣
담 원

一 十 土 圹 圻 垣 垣 垣 垣

土垣(토원) : 흙으로 쌓아 올린 담. 藩垣(번원) : 울타리.

垣 垣 垣

부수	土(흙토)
획수	총9획

牆
담 장

丨 爿 爿 爿 爿 爿 爿 牆 牆 牆 牆 牆 牆 牆

花紋牆(화문장) : 벽돌로 꽃무늬를 그려 쌓는 담.

牆 牆 牆

부수	爿(장수장변)
획수	총17획

1 다음 한자에 해당하는 낱말을 한글로 써 보세요.

1) 낙타는 沙漠에서 중요한 교통 수단입니다.

☐☐

2) 땅바닥을 기어가고 있는 작은 昆蟲을 발견했어요.

☐☐

3) 가을이 되면 나무에서 떨어진 落葉이 바람에 날립니다.

☐☐

4) 우리 가족은 놀이공원으로 逍風을 가요!

☐☐

5) 古典을 읽으면 깊이 있는 지혜를 얻을 수 있습니다.

☐☐

6) 네 잎 클로버는 幸運을 상징해요.

☐☐

7) 窓門 틈으로 빛이 새어 들어왔습니다.

☐☐

정답

1) 사막 2) 곤충 3) 낙엽 4) 소풍 5) 고전 6) 행운 7) 창문

2 아래 훈(訓:뜻)과 음(音:소리)에 해당하는
한자를 선으로 연결해 보세요.

1) 붉을 단 •   • 丹

2) 일백 백 •   • 遠

3) 멀 원 •   • 魚

4) 물고기 어 •   • 察

5) 살필 찰 •   • 百

3 밑줄 친 낱말의 한자를 보기에서 찾아 번호를 쓰세요.

보기 ▶ ①反省 ②耳目 ③庭園 ④討論 ⑤山林

1) 과거의 잘못을 깊이 <u>반성</u>하다. ☐

2) 숲이 우거진 <u>산림</u>에 가면 다양한 동식물을 만날 수 있어요. ☐

3) 참석자들은 <u>토론</u>을 통해 문제를 해결했다. ☐

4) 그는 독특한 옷차림으로 사람들의 <u>이목</u>을 집중시켰다. ☐

5) <u>정원</u>에 아름다운 꽃이 피었습니다. ☐

정답

3 1) ① 2) ⑤ 3) ④ 4) ② 5) ③

2 1) 붉을 단 : 丹 2) 일백 백 : 百 3) 멀 원 : 遠 4) 물고기 어 : 魚 5) 살필 찰 : 察

101

具 膳 飱 飯

갖출 구　반찬 선　밥 손　밥 반

밥을 먹을 때에는 반찬을 갖추고 먹는다.

具	丨 冂 冂 日 目 且 具 具
갖출 구	具備(구비) : 있어야 할 것을 빠짐없이 모두 갖춤.
	具 具 具
부수　八(여덟팔)	
획수　총8획	

膳	丿 刀 刀 月 貯 貯 肬 肬 胖 胖 胖 膅 膳 膳 膳
반찬 선	膳賜(선사) : 존경, 친근, 애정의 뜻을 나타내기 위하여 남에게 물건을 줌.
	膳 膳 膳
부수　月(육달월)	
획수　총16획	

飱	一 丁 歹 歹 歹 殀 殀 殀 殀 殄 殄 殄 飱
밥 손	饔飱(옹손) : 아침밥과 저녁밥.
	飱 飱 飱
부수　食(밥식)	
획수　총13획	

飯	丿 ハ ハ 今 今 旨 旨 食 食 飠 飠 飯 飯
밥 반	飯饌(반찬) : 밥에 곁들여 먹는 다양한 음식.
	飯 飯 飯
부수　食(밥식)	
획수　총13획	

適口充腸

맞을 적　입 구　채울 충　창자 장

훌륭한 음식이 아니더라도 입에 맞으면 배를 채운다.

適	丶亠亠产产商商商商商商滴滴滴滴適
맞을 적	適應(적응) : 일정한 조건이나 환경 따위에 맞추어 응하거나 알맞게 됨.
부수 ⻍(책받침)	
획수 총15획	

口	丨冂口
입 구	人口(인구) : 한 나라나 일정 지역에 사는 사람의 총수.
부수 口(입구)	
획수 총3획	

充	丶亠云云充充
채울 충	充實(충실) : 속이 꽉 차서 실속이 있음.
부수 儿(어진사람인발)	
획수 총6획	

腸	丿丨刀月月月'月'月'月'月'月'腸腸腸
창자 장	胃腸(위장) : 위와 창자.　肝腸(간장) : 간과 창자.
부수 月(육달월)	
획수 총13획	

102

飽飫烹宰

배부를 포 배부를 어 삶을 팽 재상 재

배가 부를 때에는 아무리 좋은 음식이라도 그 맛을 모른다.

飽 배부를 포	ノ 𠂉 亼 𠆢 夊 夅 𩙿 𩙿 𩙿 𩙿 𩚅 𩚳 𩚲 飽
	飽滿(포만) : 넘치도록 가득히 찬 상태. 飽食(포식) : 배부르게 먹음.
	飽 飽 飽
부수 食(밥식변)	
획수 총14획	

飫 배부를 어	ノ 𠂉 亼 𠆢 夊 夅 𩙿 𩙿 𩙿 𩚅 𩚲 飿 飫
	飽飫烹宰(포어팽재) : 배가 부를 때에는 아무리 좋은 음식이라도 그 맛을 모름.
	飫 飫 飫
부수 食(밥식변)	
획수 총13획	

烹 삶을 팽	﹑ 亠 亍 亨 亨 亨 亨 亨 烹 烹
	割烹(할팽) : 썰고 삶아서 음식을 조리하는 것. 烹卵(팽란) : 삶은 달걀.
	烹 烹 烹
부수 灬(연화발)	
획수 총11획	

宰 재상 재	﹑ 丷 宀 宍 字 宰 宲 宲 宰 宰
	主宰(주재) : 주장하여 맡음 혹은 그런 사람.
	宰 宰 宰
부수 宀(갓머리)	
획수 총10획	

饑厭糟糠

주릴 기　싫을 염　지게미 조　겨 강

배가 고플 때에는 겨와 지게미라도 맛이 있다.

饑

주릴 기

ノ ハ 今 今 刍 刍 刍 刍 刍 刍 刍 刍 刍 饑 饑 饑

饑年(기년) : 흉년이 들어 백성이 굶주린 해.

饑　饑　饑

| 부수 | 食(밥식변) |
| 획수 | 총21획 |

厭

싫을 염

一 厂 厂 厂 厂 厂 厂 厂 厈 厭 厭 厭 厭 厭

厭世(염세) : 세상이나 인생을 괴롭게 여기고 싫증을 내는 것.

厭　厭　厭

| 부수 | 厂(민엄호) |
| 획수 | 총14획 |

糟

지게미 조

丶 丷 丷 丷 米 米 米 米 米 米 糟 糟 糟 糟 糟 糟 糟

酒糟(주조) : 술을 거르거나 짜내는 틀.

糟　糟　糟

| 부수 | 米(쌀미) |
| 획수 | 총17획 |

糠

겨 강

丶 丷 丷 丷 米 米 米 米 米 米 米 糖 糖 糖 糖 糠

糠蝦(강하) : 보리새우.　米糠(미강) : 쌀겨.

糠　糠　糠

| 부수 | 米(쌀미) |
| 획수 | 총17획 |

103

親 戚 故 舊

친할 친　　겨레 척　　연고 고　　옛 구

'친척'은 외가와 친가를 일컫고 '고구'는 오랜 친구를 말한다.

親

친할 친

부수	見(볼견)
획수	총16획

` ' 亠 六 立 产 产 辛 辛 亲 邾 釯 釖 釖 釖 親 親 `

親舊(친구) : 가깝게 오래 사귄 사람.　親近(친근) : 정분이 친하고 가까움.

親　親　親

戚

겨레 척

부수	戈(창과)
획수	총11획

` ノ 厂 厂 厅 匠 匠 戸 戚 戚 戚 戚 `

親戚(친척) : 친족과 외척을 아울러 이르는 말.

戚　戚　戚

故

연고 고

부수	攵(등글월문)
획수	총9획

` 一 十 十 古 古 古 扩 故 故 `

故鄕(고향) : 자기가 태어나고 자란 고장.　故人(고인) : 죽은 사람.

故　故　故

舊

옛 구

부수	臼(절구구)
획수	총18획

` 一 十 サ 计 芹 芹 芹 苒 萑 萑 雀 雈 舊 舊 舊 舊 `

復舊(복구) : 원래의 모양으로 되돌림.

舊　舊　舊

老少異糧

늙을 로(노) 젊을 소 다를 이 양식 량

늙은이와 젊은이에게 대접하는 음식을 달리 해야 한다.

老

늙을 로(노)

부수	老(늙을로)
획수	총6획

一 十 土 耂 耂 老

元老(원로) : 관위, 연령, 덕망이 높은 공신을 뜻함.

老 老 老

少

젊을 소

부수	小(작을소)
획수	총4획

丿 小 小 少

略少(약소) : 적고 변변하지 못함. 老少(노소) : 늙은이와 어린아이.

少 少 少

異

다를 이

부수	田(밭전)
획수	총11획

丨 冂 日 田 田 田 曱 畀 畢 異 異

差異(차이) : 서로 다른 정도나 상태. 異見(이견) : 서로 다른 의견.

異 異 異

糧

양식 량

부수	米(쌀미)
획수	총18획

丶 丷 丷 半 半 米 米 料 料 糧 糧 糧 糧 糧 糧

糧食(양식) : 생존을 위하여 필요한 사람의 먹을거리.

糧 糧 糧

104

妾 御 績 紡

첩 첩 모실 어 길쌈 적 길쌈 방

남자는 밖에 나가 일하고 여자는 집안에서 길쌈을 한다.

妾
첩 첩

丶 亠 立 立 产 妾 妾

小妾(소첩) : 여인이 자신을 낮추어 일컫는 말.

妾 妾 妾

부수	女(계집녀)
획수	총8획

御
모실 어

丿 ﾉ 彳 彳 行 作 徉 御 御

御寶(어보) : 옥새와 같은 임금의 도장. 御筆(어필) : 임금의 글씨.

御 御 御

부수	彳(두인변)
획수	총11획

績
길쌈 적

丶 ⺥ 幺 糸 糸 糸 糸 紓 紓 結 結 績 績 績 績 績

功績(공적) : 쌓은 공로. 實績(실적) : 실제로 이룬 업적이나 공적.

績 績 績

부수	糸(실사)
획수	총17획

紡
길쌈 방

丶 ⺥ 幺 糸 糸 糸 糸 紓 紓 紡

紡織(방직) : 기계를 이용해 실을 뽑아서 천을 짜는 일.

紡 紡 紡

부수	糸(실사)
획수	총10획

侍 巾 帷 房

모실 시　수건 건　장막 유　방 방

여자는 안방에서 수건을 받들며 남편을 섬긴다.

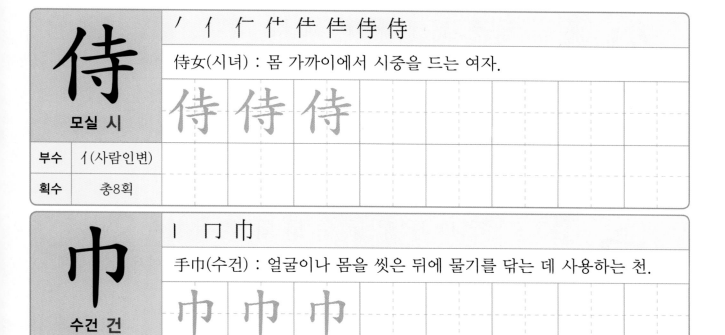

侍 모실 시	ノ イ イ 化 什 件 侍 侍
	侍女(시녀) : 몸 가까이에서 시중을 드는 여자.
	侍　侍　侍
부수　イ(사람인변)	
획수　총8획	

巾 수건 건	丨 冂 巾
	手巾(수건) : 얼굴이나 몸을 씻은 뒤에 물기를 닦는 데 사용하는 천.
	巾　巾　巾
부수　巾(수건건)	
획수　총3획	

帷 장막 유	丨 冂 巾 帅 帆 帆 帆 帪 帷 帷 帷
	帷帳(유장) : 늘어뜨리는 휘장.
	帷　帷　帷
부수　巾(수건건)	
획수　총11획	

房 방 방	丶 亠 亠 戸 戸 戸 房 房
	廚房(주방) : 음식을 만들거나 차리는 방.　暖房(난방) : 방을 덥게 함.
	房　房　房
부수　戸(지게호)	
획수　총8획	

105 紈扇圓潔

흰비단 환   부채 선   둥글 원   깨끗할 결

흰 비단으로 만든 부채는 둥글고 깨끗하다.

紈

흰비단 환

부수 糸(실사)

획수 총9획

` ´ ㄥ ㄠ � 乡 糸 糽 紈 紈 `

綺紈(기환) : 고운 비단 혹은 곱고 값진 옷.

紈　紈　紈

扇

부채 선

부수 戶(지게호)

획수 총10획

` ㄱ ㄱ ㄹ 尸 戶 戶 扇 扇 扇 扇 `

色扇(색선) : 여러 가지 색깔의 종이나 헝겊을 오려 붙여서 만든 부채.

扇　扇　扇

圓

둥글 원

부수 口(큰입구몸)

획수 총13획

` l 冂 冂 冃 冃 圁 圁 圎 圎 冐 圓 圓 圓 `

圓滑(원활) : 일이 거침없이 잘 되어 나감.

圓　圓　圓

潔

깨끗할 결

부수 氵(삼수변)

획수 총15획

` ` ` 氵 氵 沪 汁 沣 津 津 渎 潔 潔 潔 潔 潔 `

簡潔(간결) : 간단하고 깨끗함. 清潔(청결) : 맑고 깨끗함.

潔　潔　潔

銀 燭 煒 煌

은 은　　촷불 촉　　빛날 위　　빛날 황

은촛대의 촛불은 빛이 휘황찬란하다.

銀 은 은	ノ ハ ㇉ 牟 牟 余 金 金 釣 鈩 鈅 鈤 鈅 銀
	銀婚式(은혼식) : 결혼 25주년의 기념식.
	銀 銀 銀
부수　金(쇠금)	
획수　총14획	

燭 촷불 촉	㇏ ㇏ 丷 火 火 炉 炉 炉 炉 炉 炀 焗 焗 燭 燭 燭
	樺燭(화촉) : 자작나무 껍질로 만든 초.
	燭 燭 燭
부수　火(불화)	
획수　총17획	

煒 빛날 위	㇏ ㇏ 丷 火 火 炉 炉 炉 焗 焗 煒 煒 煒
	銀燭煒煌(은촉위황) : 은촛대의 촛불은 빛나서 휘황찬란함.
	煒 煒 煒
부수　火(불화)	
획수　총13획	

煌 빛날 황	㇏ ㇏ 丷 火 火 火 炉 炉 焊 焊 焊 煌 煌
	輝煌(휘황) : 광채가 눈부시게 빛남. 煌煌(황황) : 번쩍번쩍 빛나는 모양.
	煌 煌 煌
부수　火(불화)	
획수　총13획	

106

晝眠夕寐

낮 주 　잘 면 　저녁 석 　잘 매

낮에 낮잠 자고 저녁에는 일찍 자니 한가한 사람의 일이다.

晝

낮 주

フ　コ　ヨ　ヨ　聿　書　書　書　書　書　晝

白晝(백주) : 대낮.　晝學(주학) : 낮에 배우는 공부.

晝　晝　晝

부수	日(날일)
획수	총11획

眠

잘 면

丨　刂　刂　目　目　目　肥　肥　眠　眠

睡眠(수면) : 잠을 잠.　休眠(휴면) : 쉬면서 아무 것도 하지 않음.

眠　眠　眠

부수	目(눈목)
획수	총10획

夕

저녁 석

ノ　ク　夕

七夕(칠석) : 음력 7월 7일의 명절.　夕陽(석양) : 저녁나절의 해.

夕　夕　夕

부수	夕(저녁석)
획수	총3획

寐

잘 매

丶　丷　宀　宀　宀　宀　宀　疒　疒　寐　寐　寐

夢寐(몽매) : 잠을 자며 꿈을 꿈.　寤寐(오매) : 깨어 있을 때나 자고 있을 때.

寐　寐　寐

부수	宀(갓머리)
획수	총12획

藍 筍 象 牀

쪽 람(남)   죽순 순   코끼리 상   상 상

푸른 대나무 순과 코끼리 상아로 꾸미니 한가한 사람의 침상이다.

藍
쪽 람(남)

一 十 土 ⁺ ⁺ 萨 莊 萨 萨 萨 萨 萨 萨 蔀 蔀 藍 藍

伽藍(가람) : 승려들이 불도를 닦으면서 머무는 절.

藍 藍 藍

부수	⁺⁺(초두머리)
획수	총18획

筍
죽순 순

丿 � ⁺ ⁺ 竹 竹 竹 筍 筍 筍 筍 筍

竹筍(죽순) : 대의 땅속줄기에서 돋아나는 어리고 연한 싹.

筍 筍 筍

부수	竹(대죽)
획수	총12획

象
코끼리 상

丿 丿 ⁺ 伊 角 角 象 象 象 象 象 象

象徵(상징) : 추상적인 개념이나 사물을 구체적인 사물로 나타냄.

象 象 象

부수	豕(돼지시)
획수	총12획

牀
상 상

丨 丨 爿 爿 爿 牀 牀 牀

寢牀(침상) : 사람이 누워 잘 수 있게 만든 평상.

牀 牀 牀

부수	爿(장수장)
획수	총8획

107

絃 歌 酒 讌

줄 현　　노래 가　　술 주　　잔치 연

거문고를 타며 술과 노래로 잔치를 한다.

絃

줄 현

`ㄥ ㄠ ㄠ ㄅ 糸 糸 糸 糸 糸 糸 絃 絃 絃`

絃樂器(현악기) : 거문고, 바이올린, 기타처럼 줄을 타거나 켜서 소리를 내는 악기.

絃　絃　絃

부수	糸(실사)
획수	총11획

歌

노래 가

`一 厂 戸 戸 可 可 哥 哥 哥 哥 哥 歌 歌 歌`

歌手(가수) : 노래 부르는 것을 직업으로 삼는 사람.

歌　歌　歌

부수	欠(하품흠)
획수	총14획

酒

술 주

`ヽ ヽ 氵 氵 沪 洒 洒 洒 酒 酒`

飮酒(음주) : 술을 마시는 행위.

酒　酒　酒

부수	酉(닭유)
획수	총10획

讌

잔치 연

`一 亠 言 言 言 言 訁 訁 訁 訁 訁 訁 讌 讌 讌 讌`

清讌閣(청연각) : 고려 예종 때 궁중에 도서를 비치하고 학사들과 경서를 강론하던 곳.

讌　讌　讌

부수	言(말씀언)
획수	총23획

接杯擧觴

이을 접   잔 배   들 거   잔 상

크고 작은 술잔을 서로 주고받으며 즐긴다.

接 이을 접	一 十 扌 扌 扩 扩 扩 护 挼 接 接
	接續(접속) : 서로 맞대어 잇는 일. 隣接(인접) : 이웃해 있음.
	接 接 接
부수 扌(재방변)	
획수 총11획	

杯 잔 배	一 十 十 木 杧 杯 杯 杯
	乾杯(건배) : 술좌석에서 서로 잔을 높이 들어 건강이나 행운을 빌고 마시는 일.
	杯 杯 杯
부수 木(나무목)	
획수 총8획	

擧 들 거	' ⺉ ⺊ ⺆ ⺆ 臼 臼 臼 臼 興 興 興 興 擧
	科擧(과거) : 옛날 문무관을 뽑을 때에 보던 시험.
	擧 擧 擧
부수 手(손수)	
획수 총18획	

觴 잔 상	' ⺈ ⺈ 角 角 角 角 角 觓 觞 觞 觞 觞 觴 觴 觴
	觴詠(상영) : 술을 마시면서 흥겹게 노래함.
	觴 觴 觴
부수 角(뿔각)	
획수 총18획	

108 矯手頓足

바로잡을 교   손 수   두드릴 돈   발 족

손을 들고 발을 두드리며 춤을 춘다.

矯
바로잡을 교

丿 亻 스 놋 矢 矢 矢 矫 矫 矫 矯 矯 矯 矯 矯 矯 矯

奇矯(기교) : 말이나 행동이 기이하고 이상야릇함.

矯 矯 矯

부수	矢(화살시)
획수	총17획

手
손 수

一 二 三 手

手段(수단) : 어떤 목적을 이루기 위한 방법이나 도구.

手 手 手

부수	手(손수)
획수	총4획

頓
두드릴 돈

一 亡 亡 屯 屯 屯 屯 頓 頓 頓 頓 頓 頓

斗頓(두둔) : 편들어서 감싸 줌.   整頓(정돈) : 가지런히 바로잡음.

頓 頓 頓

부수	頁(머리혈)
획수	총13획

足
발 족

丨 冂 口 甲 甲 史 足

足鎖(족쇄) : 죄인의 발에 채우는 쇠사슬.

足 足 足

부수	足(발족)
획수	총7획

悅豫且康

기쁠 열   기쁠 예   또 차   편안할 강

마음 편히 즐기고 살면 단란한 가정이다.

悅 기쁠 열

丶 丶 忄 忄 忙 忾 忾 怟 怟 悅

喜悅(희열) : 기쁘고 즐거움.   悅愛(열애) : 즐거이 사랑함.

悅 悅 悅

부수	忄(심방변)
획수	총10획

豫 기쁠 예

フ マ ヌ 予 予 予 预 预 预 预 预 豫 豫 豫 豫

豫防(예방) : 질병이나 재해 등을 미리 대처해 막는 것.

豫 豫 豫

부수	豕(돼지시)
획수	총16획

且 또 차

丨 冂 冃 月 且

重且大(중차대) : 매우 중요하고 큰 일.

且 且 且

부수	一(한일)
획수	총5획

康 편안할 강

丶 亠 广 庐 庐 庐 序 庚 康 康 康

康寧(강녕) : 몸이 건강하여 마음이 편안함.

康 康 康

부수	广(엄호)
획수	총11획

嫡 後 嗣 續

정실 적 　뒤 후 　이을 사 　이을 속

맏아들은 뒤를 계승하여 대를 잇는다.

嫡 정실 적

乚 乚 女 女 女 女 女 女 妒 妒 姩 嫡 嫡 嫡

承嫡(승적) : 서자가 적자가 됨.　長嫡(장적) : 본처가 낳은 장남.

嫡 嫡 嫡

부수	女(계집녀)
획수	총14획

後 뒤 후

丿 彳 彳 彳 往 往 祥 後 後

後遺症(후유증) : 어떤 병을 앓고 난 뒤에도 남아 있는 병적인 증상.

後 後 後

부수	彳(두인변)
획수	총9획

嗣 이을 사

丨 丨 冂 冂 冂 冃 冐 冐 帛 嗣 嗣 嗣 嗣

皇嗣(황사) : 황제의 위를 이을 황태자.　嗣續(사속) : 대를 잇는 아들.

嗣 嗣 嗣

부수	口(입구)
획수	총13획

續 이을 속

乚 乞 幺 幺 幺 糸 糹 紝 紝 絟 絟 絟 絟 繪 繪 續

持續(지속) : 같은 상태가 오래 계속 됨.　連續(연속) : 끊이지 않고 계속 됨.

續 續 續

부수	糸(실사)
획수	총21획

祭祀蒸嘗

제사 제　　제사 사　　찔 증　　맛볼 상

제사를 지내되 겨울 제사는 '증'이라 하고 가을 제사는 '상'이라 한다.

祭 제사 제	ノ ク タ タ タ′ タ╱ タ╲ タ╲ 処 祭 祭 祭
	祝祭(축제) : 축하하여 벌이는 큰 규모의 행사.
	祭　祭　祭
부수　示(보일시)	
획수　총11획	

祀 제사 사	ー ニ テ 予 示 示 礻 礻 祀
	祭祀(제사) : 신령이나 죽은 사람의 넋에게 음식을 바치어 정성을 나타내는 의식.
	祀　祀　祀
부수　示(보일시)	
획수　총8획	

蒸 찔 증	ー 十 ナ 艹 艹 芗 芽 艿 茏 莁 莁 蒸 蒸 蒸
	水蒸氣(수증기) : 물이 증발하여 기체가 된 것.
	蒸　蒸　蒸
부수　艹(초두머리)	
획수　총14획	

嘗 맛볼 상	′ ′′ ′′′ ′′′′ 严 严 严 当 尚 嘗 嘗 嘗 嘗
	嘗味(상미) : 맛보기 위해 조금 먹어보는 일.
	嘗　嘗　嘗
부수　口(입구)	
획수　총14획	

110 稽顙再拜

조아릴 계   이마 상   둘 재   절 배

이마를 조아려 조상에게 두 번 절을 한다.

稽	´ 二 千 千 禾 禾 私 秐 秐 秐 稏 稏 稏 稽 稽 稽
조아릴 계	滑稽(골계) : 익살을 부리는 가운데 어떤 교훈을 주는 일.
	稽 稽 稽
부수 禾(벼화)	
획수 총16획	

顙	フ ヌ ヌ ヌ 죠 죠 죷 죷 桑 桑 桑 顙 顙 顙 顙 顙 顙
이마 상	的顙馬(적상마) : 이마에 흰 털의 점이 마치 별처럼 박힌 말.
	顙 顙 顙
부수 頁(머리혈)	
획수 총19획	

再	一 丁 冃 戸 再 再
둘 재	再檢討(재검토) : 한 번 검토한 것을 다시 검토함.
	再 再 再
부수 冂(멀경몸)	
획수 총6획	

拜	´ 二 三 手 手 拜 拜 拜 拜
절 배	崇拜(숭배) : 우러러 공경함.
	拜 拜 拜
부수 手(손수)	
획수 총9획	

悚懼恐惶

두려워할 송 두려워할 구 두려워할 공 두려워할 황

송구하고 두렵고 황송하니 공경함이 지극하다.

悚 두려워할 송	ﾉ ﾉ ﾚ ﾚ ﾟ ﾟ ﾟ ﾟ 悚 悚 悚
	悚然(송연) : 소름이 끼치도록 두려워서 몸을 웅송그림.
	悚 悚 悚
부수 ↑(심방변)	
획수 총10획	

懼 두려워할 구	ﾉ ﾉ ﾚ ﾚ ﾟ ﾟ ﾟ ﾟ ﾟ ﾟ ﾟ ﾟ ﾟ 懼 懼 懼
	疑懼心(의구심) : 의심하고 두려워하는 마음.
	懼 懼 懼
부수 ↑(심방변)	
획수 총21획	

恐 두려워할 공	ﾟ ﾟ ﾟ ﾟ 巩 巩 巩 恐 恐 恐
	恐慌(공황) : 근거 없는 두려움으로 갑자기 일어나는 심리적인 불안 상태.
	恐 恐 恐
부수 心(마음심)	
획수 총10획	

惶 두려워할 황	ﾉ ﾉ ﾚ ﾚ ﾟ ﾟ ﾟ ﾟ 惶 惶 惶 惶
	惶悚(황송) : 분에 넘쳐 고맙고도 송구한 마음.
	惶 惶 惶
부수 ↑(심방변)	
획수 총12획	

111

牋牒簡要

편지 전　　편지 첩　간략할 간　요약할 요

글과 편지는 간략하게 요점만 쓴다.

牋 편지 전	ノ 丿 丬 爿 爿 爿 牂 牋 牋 牋 牋 牋
	彩牋(채전) : 시를 지어 쓰는 데 쓰는 무늬 있는 색종이.
	牋 牋 牋
부수　片(조각편)	
획수　총12획	

牒 편지 첩	ノ 丿 丬 爿 爿 爿 牒 牒 牒 牒 牒 牒 牒
	請牒狀(청첩장) : 결혼식과 같은 경사가 있을 때에 남을 초청하는 글발.
	牒 牒 牒
부수　片(조각편)	
획수　총13획	

簡 간략할 간	ノ ⺮ ⺮ ⺮ ⺮ 筲 筲 筲 筲 簡 簡 簡 簡 簡 簡 簡
	簡潔(간결) : 간단하고 깨끗함.　書簡(서간) : 편지.
	簡 簡 簡
부수　竹(대죽)	
획수　총18획	

要 요약할 요	一 丆 币 帀 襾 襾 襾 要 要 要
	要請(요청) : 요긴하게 청함.　强要(강요) : 강제로 요구함.
	要 要 要
부수　襾(덮을아)	
획수　총9획	

顧 答 審 詳

돌아볼 고 대답 답 살필 심 자세할 상

편지의 답장도 자세히 살펴 써야 한다.

顧 돌아볼 고	⼀ ⼘ ⼚ ⼛ ⼜ ⼝ ⼞ ⼟ ⼠ ⼡ ⼢ 雇 顧 顧 顧 顧 顧						
	顧客(고객) : 물건이나 서비스를 사러 오는 손님.						
	顧	顧	顧				
부수 頁(머리혈)							
획수 총21획							

答 대답 답	⼃ ⼄ ⼅ ⼆ ⼇ ⼈ ⼉ 竺 筌 筌 筌 答 答						
	對答(대답) : 어떤 사람의 물음에 답변하거나 요구에 응하는 것.						
	答	答	答				
부수 竹(대죽)							
획수 총12획							

審 살필 심	⼀ ⼢ ⼣ 審 宀 宨 宩 寀 寀 宷 審 審 審 審 審						
	審査(심사) : 자세하게 조사하고 검토하여 결정함.						
	審	審	審				
부수 宀(갓머리)							
획수 총15획							

詳 자세할 상	⼀ ⼆ ⼅ ⼤ ⼥ ⼦ ⼧ ⼨ 訂 詳 詳 詳 詳						
	詳細(상세) : 자세하고 세밀함. 詳述(상술) : 자세하게 진술함.						
	詳	詳	詳				
부수 言(말씀언)							
획수 총13획							

112

骸 垢 想 浴

뼈 해 때 구 생각할 상 목욕할 욕

몸에 때가 끼면 목욕할 생각을 한다.

骸
뼈 해

부수	骨(뼈골)
획수	총16획

丨 冂 冂 丹 丹 丹 丹 骨 骨 骨 骨ˊ 骨ˊˊ 骨 骸 骸 骸

骸骨(해골) : 죽은 사람의 살이 썩고 남은 앙상한 뼈.

骸 骸 骸

垢
때 구

부수	土(흙토)
획수	총9획

一 十 土 圹 圹 圻 坊 垢 垢

垢面(구면) : 때가 묻어 더러워진 얼굴. 垢衣(구의) : 때 묻은 옷.

垢 垢 垢

想
생각할 상

부수	心(마음심)
획수	총13획

一 十 才 木 村 相 相 相 相 想 想 想 想

發想(발상) : 어떤 일을 생각해 내는 것. 想像(상상) : 미루어 생각함.

想 想 想

浴
목욕할 욕

부수	氵(삼수변)
획수	총10획

丶 丷 氵 氵 浐 浐 浴 浴 浴 浴

沐浴(목욕) : 머리를 감으며 온몸을 씻는 일.

浴 浴 浴

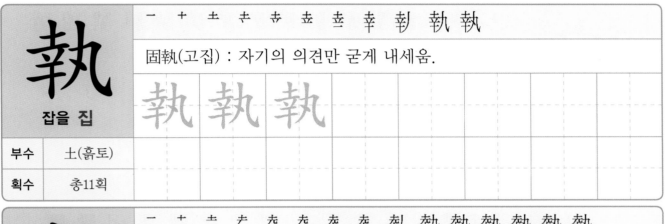

執熱願凉

잡을 집　더울 열　원할 원　서늘할 량

더울 때에는 서늘한 것을 원한다.

執	一 十 土 圡 幸 幸 幸 幸 剚 執 執									
잡을 집	固執(고집) : 자기의 의견만 굳게 내세움.									
	執 執 執									
부수 土(흙토)										
획수 총11획										

熱	一 十 土 产 夫 坴 幸 幸 剚 執 執 執 熱 熱 熱									
더울 열	熱風(열풍) : 사막 따위에서 여름에 부는 뜨겁고 마른 바람.									
	熱 熱 熱									
부수 灬(연화발)										
획수 총15획										

願	一 厂 厂 厂 厃 盾 盾 盾 原 原 原 原 原 願 願 願 願									
원할 원	祈願(기원) : 바라는 일이 이루어지기를 빎.									
	願 願 願									
부수 頁(머리혈)										
획수 총19획										

凉	` 冫 冫 冫 广 沪 沪 沪 涼 凉									
서늘할 량	納凉(납량) : 여름에 더위를 피하여 서늘함을 맛봄.									
	凉 凉 凉									
부수 冫(이수변)										
획수 총10획										

113

驢騾犢特

나귀 려(여)　노새 라　송아지 독　수소 특

나귀와 노새, 송아지와 황소. 즉 가축을 말한다.

驢

나귀 려(여)

부수	馬(말마)
획수	총26획

丨 丨 丨ﾄ 馬 馬 馬丶 駈 駈 駈 駈 駈 騙 騙 騙 驢 驢 驢

青驢(청려) : 털의 빛깔이 검푸른 당나귀.

驢 驢 驢

騾

노새 라

부수	馬(말마)
획수	총21획

丨 丨 丨ﾄ 馬 馬 馬 馬 駒 駒 駛 騍 騍 騾 騾 騾

驢騾犢特(여라독특) : 나귀와 노새와 송아지를 뜻함.

騾 騾 騾

犢

송아지 독

부수	牛(소우)
획수	총19획

丿 丿 丬 丬 牜 牜 牜 牨 牨 牨 牨 牨 犢 犢 犢 犢 犢

犢鼻褌(독비곤) : 여름에 농부가 일할 때에 입는 잠방이.

犢 犢 犢

特

수소 특

부수	牛(소우)
획수	총10획

丿 丿 丬 牛 牜 牜 牜 特 特

特徵(특징) : 다른 것에 비하여 특별히 눈에 뜨이는 부분.

特 特 特

駭 躍 超 驤

놀랄 해   뛸 약   넘을 초   달릴 양

놀란 듯 뛰고 달리며 논다.

駭
놀랄 해

丨 丆 厂 广 圧 馬 馬 馬 馬 馬 馬' 馿 馿 馿 馿 駭

駭怪(해괴) : 야릇하고 괴상함. 駭然(해연) : 깜짝 놀라는 모양.

駭 駭 駭

부수	馬(말마)
획수	총16획

躍
뛸 약

丨 冂 口 口 早 무 무 무 趵 趵 趵 趵 趵 趵 躍 躍 躍 躍 躍 躍 躍

跳躍(도약) : 몸을 위로 솟구치는 일.

躍 躍 躍

부수	足(발족)
획수	총21획

超
넘을 초

一 十 土 丰 丯 圭 走 起 起 超 超 超

超越(초월) : 어떠한 한계나 표준을 뛰어넘음.

超 超 超

부수	走(달릴주)
획수	총12획

驤
달릴 양

丨 F 丐 馬 馬 馿 馿 馿 驤 驤 驤 驤 驤 驤 驤 驤 驤

驤(양) : 뛰다, 달리다, 빠르다, 머리를 들다 등의 뜻이 있음.

驤 驤 驤

부수	馬(말마)
획수	총27획

114

誅斬賊盜

벨 주　벨 참　도적 적　도적 도

역적과 도적을 베어 물리친다.

誅

벨 주

一 一 一 一 一 一 一 一 一 許 許 誅 誅

誅罰(주벌) : 꾸짖어서 벌을 줌. 嚴誅(엄주) : 엄하게 주벌에 처함.

誅　誅　誅

| 부수 | 言(말씀언) |
| 획수 | 총13획 |

斬

벨 참

一 厂 厂 厂 日 目 車 車 斬 斬 斬

斬新(참신) : 취향이 매우 새롭고 산뜻함. 斬首(참수) : 목을 벰.

斬　斬　斬

| 부수 | 斤(날근) |
| 획수 | 총11획 |

賊

도적 적

丨 冂 冂 冃 目 目 貝 貝 賊 賊 賊 賊 賊

海賊(해적) : 배를 타고 다니면서 다른 배나 해안을 습격해 재물을 빼앗는 도둑.

賊　賊　賊

| 부수 | 貝(조개패) |
| 획수 | 총13획 |

盜

도적 도

丶 丶 冫 汁 汁 汀 次 次 咨 盗 盜 盜

强盜(강도) : 폭행이나 협박 등으로 남의 재물을 빼앗는 도둑.

盜　盜　盜

| 부수 | 皿(그릇명) |
| 획수 | 총12획 |

捕 獲 叛 亡

잡을 포　얻을 획　배반할 반　달아날 망

배반하고 도망치는 자를 잡아 죄를 다스린다.

捕 잡을 포	一 亅 扌 扩 扩 折 捐 捐 捕 捕
	捕虜(포로) : 전투에서 사로잡힌 적군.　逮捕(체포) : 죄인을 잡음.
	捕　捕　捕
부수　扌(재방변)	
획수　총10획	

獲 얻을 획	丶 犭 犭 犭 犷 犷 犷 犷 犷 犷 獲 獲 獲 獲 獲 獲 獲
	禽獲(금획) : 새나 날짐승을 사로잡음.　獲得(획득) : 손에 넣음.
	獲　獲　獲
부수　犭(개사슴록변)	
획수　총17획	

叛 배반할 반	丶 丷 半 半 半 叛 叛 叛 叛
	謀叛(모반) : 자기 나라를 배반하고 남의 나라를 좇기를 꾀함.
	叛　叛　叛
부수　又(또우)	
획수　총9획	

亡 달아날 망	亠 亡 亡
	逃亡(도망) : 피하여 달아남.　死亡(사망) : 죽음.
	亡　亡　亡
부수　亠(돼지해머리)	
획수　총3획	

115

布 射 僚 丸

베 포　　쏠 사　　벗 료(요)　　알 환

여포는 화살을 잘 쏘고 의료는 공을 잘 굴렸다.

布 베 포	ノ ナ ナ 右 布
	配布(배포) : 두루 나누어 줌. 宣布(선포) : 세상에 널리 펴 알림.
	布　布　布
부수 巾(수건건)	
획수 총5획	

射 쏠 사	′ ′ ′ ′ ′ ′ ′ ′ ′ ′ ′ ′ ′
	注射(주사) : 바늘로 찔러서 몸속에 약을 넣음.
	射　射　射
부수 寸(마디촌)	
획수 총10획	

僚 벗 료(요)	′ ′ ′ ′ ′ ′ ′ ′ ′ ′ ′ ′ ′ 僚
	官僚制(관료제) : 특권적인 관료가 권력을 장악하고 있는 정치 제도.
	僚　僚　僚
부수 亻(사람인변)	
획수 총14획	

丸 알 환	ノ 九 丸
	丸藥(환약) : 작고 둥글게 만든 알약. 飛丸(비환) : 날아오는 총알.
	丸　丸　丸
부수 丶(점주)	
획수 총3획	

嵇 琴 阮 嘯

산이름 혜   거문고 금   악기 완   휘파람 소

혜강은 거문고를 잘 타고 완적은 휘파람을 잘 불었다.

嵇

산이름 혜

부수	山(뫼산)
획수	총12획

一 千 禾 私 秋 秒 嵇

嵇(혜) : 중국의 하남성 수무현 수북에 있는 산을 말함.

嵇 嵇 嵇

琴

거문고 금

부수	王(구슬옥변)
획수	총12획

一 二 干 王 王 珏 玨 珏 琒 琴 琴 琴

伽倻琴(가야금) : 가야의 우륵이 만들었다는 우리나라 고유의 현악기.

琴 琴 琴

阮

악기 완

부수	阝(좌부변)
획수	총7획

一 阝 阝 阝 阝 阮 阮

阮咸(완함) : 중국의 현악기.

阮 阮 阮

嘯

휘파람 소

부수	口(입구)
획수	총16획

丨 丨 丨 丨 丬 丬 叩 吼 吼 吽 唪 嘜 嘜 嘜 嘯 嘯

嘯音(소음) : 휘파람 소리. 悲嘯(비소) : 슬프게 부르짖음.

嘯 嘯 嘯

116

恬 筆 倫 紙

편안할 념(염) 붓 필 인륜 륜 종이 지

몽념은 토끼털로 처음 붓을 만들었고 채륜은 처음 종이를 만들었다.

恬	` ' 忄 忄 忙 怖 恬 恬 恬		
	恬逸(염일) : 마음이 편하고 자유로움.		
편안할 념(염)	恬 恬 恬		
부수	忄(심방변)		
획수	총9획		

筆	' ' ' ′ ′ ′ ′ ′ ′ ′ ′ ′ ′ 筆		
	筆寫本(필사본) : 손으로 써서 만든 책. 名筆(명필) : 뛰어나게 잘 쓴 글씨.		
붓 필	筆 筆 筆		
부수	竹(대죽)		
획수	총12획		

倫	` ' 亻 亻 们 伫 伶 伶 倫 倫		
	天倫(천륜) : 부자, 형제 사이의 마땅히 지켜야 할 떳떳한 도리.		
인륜 륜	倫 倫 倫		
부수	亻(사람인변)		
획수	총10획		

紙	` ⺻ ⺻ 糸 糸 糸 紅 紙 紙		
	紙幣(지폐) : 종이돈. 休紙(휴지) : 못 쓰게 된 종이.		
종이 지	紙 紙 紙		
부수	糸(실사)		
획수	총10획		

釣巧任釣

고를 균   공교할 교   맡길 임   낚시 조

마균은 지남거를 만들었고 임공자는 낚시를 만들었다.

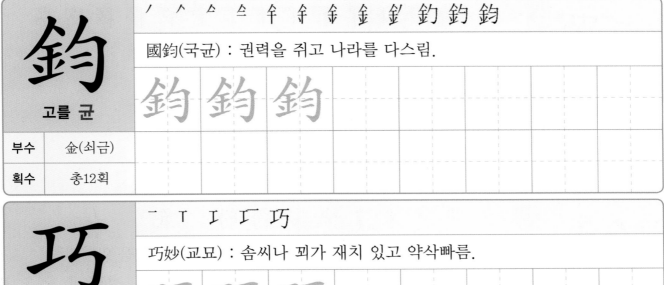

釣	ノ ト ^ ^ ^ ^ ^ ^ 牟 牟 金 金 釣 釣 釣 釣
고를 균	國釣(국균) : 권력을 쥐고 나라를 다스림.
	釣 釣 釣
부수 金(쇠금)	
획수 총12획	

巧	ー 丁 T 巧 巧
공교할 교	巧妙(교묘) : 솜씨나 꾀가 재치 있고 약삭빠름.
	巧 巧 巧
부수 工(장인공)	
획수 총5획	

任	ノ イ 仁 仟 仟 任 任
맡길 임	任期(임기) : 임무를 맡아보는 일정한 기간. 任命(임명) : 관직에 명함.
	任 任 任
부수 亻(사람인변)	
획수 총6획	

釣	ノ ト ^ ^ ^ ^ ^ 牟 金 金 釣 釣
낚시 조	釣竿(조간) : 낚싯대. 釣鐘(조종) : 사원의 종루에 달아 놓은 큰 종.
	釣 釣 釣
부수 金(쇠금)	
획수 총11획	

117

釋 紛 利 俗

놓을 석 어지러울 분 이로울 리(이) 풍속 속

이 여덟 사람의 재주를 발휘해 어지러움을 풀고 풍속에 이롭게 하였다.

釋	´ ⌐ ⊓ 平 平 采 采 采 釆 釋 釋 釋 釋 釋 釋 釋 釋 釋
놓을 석	釋然(석연) : 미심쩍었던 것이나 원한 등이 풀림.
	釋 釋 釋
부수 采(분별할변)	
획수 총20획	

紛	´ ⌐ ⊾ 牟 乡 糸 糹 紛 紛 紛
어지러울 분	紛亂(분란) : 어수선하고 떠들썩함. 紛失(분실) : 물건을 잃어버림.
	紛 紛 紛
부수 糸(실사)	
획수 총10획	

利	´ ⌐ 千 千 禾 利 利
이로울 리(이)	勝利(승리) : 겨루어 이김. 利害(이해) : 이익과 손해.
	利 利 利
부수 刂(선칼도방)	
획수 총7획	

俗	´ ⌐ 亻 亻 俗 俗 俗 俗 俗
풍속 속	民俗(민속) : 민간의 풍속. 低俗(저속) : 품격이 낮고 속됨.
	俗 俗 俗
부수 亻(사람인변)	
획수 총9획	

竝 皆 佳 妙

아우를 병　다 개　아름다울 가　묘할 묘

모두가 아름답고 묘한 재주를 지녔다.

竝 아우를 병	＇ ＇ ＇ ＋ ＋ ＋ ＋ 竝 竝 竝 竝
	竝行(병행) : 나란히 같이 감.　竝列(병렬) : 나란히 벌여 세움.
	竝　竝　竝
부수　立(설립)	
획수　총10획	

皆 다 개	＇ ＇ ＇ 比 比 比 皆 皆 皆
	皆勤(개근) : 일정한 기간 동안 하루도 빠짐없이 출석하거나 출근함.
	皆　皆　皆
부수　白(흰백)	
획수　총9획	

佳 아름다울 가	＇ ＇ ＇ ＇ ＇ 佳 佳 佳
	佳人(가인) : 참하고 아름다운 여자.　佳約(가약) : 부부가 되자는 약속.
	佳　佳　佳
부수　亻(사람인변)	
획수　총8획	

妙 묘할 묘	＇ ＇ 女 妙 妙 妙 妙
	奧妙(오묘) : 심오하고 미묘함.　妙手(묘수) : 묘한 기술이나 수.
	妙　妙　妙
부수　女(계집녀)	
획수　총7획	

118

毛施淑姿

털 모　베풀 시　맑을 숙　모양 자

모장과 서시는 자태가 아름다운 절세미인이었다.

毛 털 모	ノ 二 三 毛					
	毛皮(모피) : 털가죽.　毛髮(모발) : 사람의 몸에 난 온갖 털.					
	毛	毛	毛			
부수 毛(터럭모)						
획수 총4획						

施 베풀 시	' ー ケ 方 方 扩 斿 施 施					
	施工(시공) : 공사를 실시함.　施術(시술) : 의술이나 최면술 따위의 술법을 베풂.					
	施	施	施			
부수 方(모방)						
획수 총9획						

淑 맑을 숙	' ' 氵 沪 沪 沣 沣 汴 渉 淑 淑					
	淑女(숙녀) : 교양과 예의와 품격을 갖춘 점잖은 여자.					
	淑	淑	淑			
부수 氵(삼수변)						
획수 총11획						

姿 모양 자	ー ゙ シ ゙プ ゙プ 次 次 姿 姿					
	姿色(자색) : 여자의 고운 얼굴이나 모습.					
	姿	姿	姿			
부수 女(계집녀)						
획수 총9획						

工 嚬 姸 笑

장인 공 찡그릴 빈 고울 연 웃을 소

이 두 미인은 웃는 모습이 매우 곱고 아름다웠다.

工
장인 공

一 丁 工

人工(인공) : 사람이 자연물을 가공하는 일. 着工(착공) : 공사를 시작함.

工 工 工

부수	工(장인공)
획수	총3획

嚬
찡그릴 빈

丨 丨 丬 丬 丱 丱 卟 叩 吅 吵 呻 啩 啝 嚬 嚬 嚬 嚬 嚬

嚬蹙(빈축) : 눈살을 찌푸리고 얼굴을 찡그리는 것. 남을 비난하거나 미워함.

嚬 嚬 嚬

부수	口(입구)
획수	총19획

姸
고울 연

人 夕 女 女 女 奸 奸 姸 姸

姸醜(연추) : 용모의 아름다움과 추함. 纖姸(섬연) : 가냘프고 아름다움.

姸 姸 姸

부수	女(계집녀)
획수	총9획

笑
웃을 소

丿 𠂆 𠂇 𠂈 𠂉 𥫗 𥫗 竺 竺 笑

談笑(담소) : 웃으며 이야기를 나눔. 大笑(대소) 크게 웃음.

笑 笑 笑

부수	竹(대죽)
획수	총10획

---

119 年 矢 每 催

해 년(연) 화살 시 매양 매 재촉할 최

세월은 화살같이 빠르게 지나간다.

年 해 년(연)	ノ ← ← ← 左 年		
	年齡(연령) : 나이. 年間(연간) : 한 해 동안.		
	年	年	年
부수　干(방패간)			
획수　총6획			

矢 화살 시	ノ ← ← 午 矢		
	矢鏃(시촉) : 화살촉. 毒矢(독시) : 촉에 독을 바른 화살.		
	矢	矢	矢
부수　矢(화살시)			
획수　총5획			

每 매양 매	ノ ← 仁 勾 勾 每 每		
	每日(매일) : 하루하루의 모든 날. 每週(매주) : 각 주.		
	每	每	每
부수　毋(말무)			
획수　총7획			

催 재촉할 최	ノ イ イ' 仳 仲 仲 仲 伟 催 催 催 催		
	催促(최촉) : 빨리 할 것을 요구함. 催淚(최루) : 눈물이 나오게 함.		
	催	催	催
부수　イ(사람인변)			
획수　총13획			

曦暉朗耀

햇빛 희　빛날 휘　밝을 랑(낭)　빛날 요

햇빛과 달빛은 온 세상을 비추어 만물에 혜택을 준다.

曦
햇빛 희

丨 冂 冃 日 日゛ 旷 旷 睦 睦 睦 睦 睦 曦 曦 曦 曦

曦光(희광) : 아침 햇빛.　曦軒(희헌) : 해.

曦	曦	曦			

부수 　日(날일)
획수 　총20획

暉
빛날 휘

丨 冂 冃 日 日 旷 旷 旷 晖 晖 暉 暉 暉

晚暉(만휘) : 저녁 햇빛.　晴暉(청휘) : 맑은 날의 햇빛.

暉	暉	暉			

부수 　日(날일)
획수 　총13획

朗
밝을 랑(낭)

丶 亠 コ ヨ 自 自 良 朗 朗 朗 朗

朗讀(낭독) : 소리 내어 글을 읽음.　朗報(낭보) : 반가운 소식.

朗	朗	朗			

부수 　月(달월)
획수 　총11획

耀
빛날 요

丨 业 业 半 光 光 光 光 光 火 火 光 光 耀 耀 耀 耀 耀

光耀(광요) : 빛남.　昱耀(욱요) : 밝게 빛남.

耀	耀	耀			

부수 　羽(깃우)
획수 　총20획

璇 璣 懸 斡

구슬 선   구슬 기   달 현   빙빙돌 알

천체를 관측하는 혼천의는 높이 매달려 돈다.

璇	一 二 干 干 王 王 玝 玝 玝 玭 玹 玹 琁 璇 璇
구슬 선	天璇(천선) : 북두칠성의 머리 쪽에 있는 네 개의 별 가운데 둘째 별.
	璇 璇 璇
부수 王(구슬옥변)	
획수 총15획	

璣	一 二 干 干 王 玒 玑 玑 玑 玑 玑 玑 玑 璣 璣 璣
구슬 기	天璣(천기) : 북두칠성의 머리 쪽에 있는 네 개의 별 가운데 셋째 별.
	璣 璣 璣
부수 王(구슬옥변)	
획수 총16획	

懸	丨 冂 冃 目 且 且 県 県 県 県 県 県 縣 縣 縣 懸 懸
달 현	懸板(현판) : 글자나 그림을 새기어서 문 위에 다는 널조각.
	懸 懸 懸
부수 心(마음심)	
획수 총20획	

斡	一 十 十 市 吉 吉 直 直 軯 軯 軯 軯 斡
빙빙돌 알	斡旋(알선) : 남의 일이 잘되도록 주선하는 일.
	斡 斡 斡
부수 斗(말두)	
획수 총14획	

晦魄環照

그믐 회　넋 백　고리 환　비칠 조

달이 고리와 같이 돌면서 천지를 비춘다.

晦

그믐 회

부수	日(날 일)
획수	총11획

丨 冂 冂 日 旷 旷 旷 晦 晦 晦 晦

韜晦(도회) : 자신의 재능, 지위 등을 숨기어 감춤.

晦　晦　晦

魄

넋 백

부수	鬼(귀신 귀)
획수	총15획

' 亻 亻 自 自 自 自 甶 甶 魄 魄 魄 魄 魄 魄

氣魄(기백) : 씩씩하고 굳센 기상과 진취성이 있는 정신.

魄　魄　魄

環

고리 환

부수	王(구슬옥변)
획수	총17획

一 二 干 王 王 玗 玗 珂 珂 珂 珂 珂 環 環 環 環 環

惡循環(악순환) : 나쁜 현상이 끊임없이 되풀이되는 일.

環　環　環

照

비칠 조

부수	灬(연화발)
획수	총13획

丨 冂 日 日 日 昭 昭 昭 照 照 照 照 照

日照(일조) : 해가 내리 쬠. 照影(조영) : 빛이 비치는 그림자.

照　照　照

璇璣懸斡 / 晦魄環照 255

121 指 薪 修 祐

손가락 지 땔나무 신 닦을 수 복 우

불타는 나무와 같이 정열로 심신을 닦으면 복을 얻는다.

指

손가락 지

一 十 才 扌 扩 护 拧 指 指 指

指摘(지적) : 잘못을 들추어 냄. 指標(지표) : 방향을 가리키는 표지.

指 指 指

부수	扌(재방변)
획수	총9획

薪

땔나무 신

一 十 十 艹 艹 艹 壵 壵 菥 茅 茅 菥 薪 薪 薪 薪 薪

薪炭(신탄) : 땔나무와 숯.

薪 薪 薪

부수	艹(초두머리)
획수	총17획

修

닦을 수

丿 亻 亻 俏 俏 俏 修 修 修 修

修辭(수사) : 말이나 글을 다듬고 꾸며서 보다 아름답게 만드는 일.

修 修 修

부수	亻(사람인변)
획수	총10획

祐

복 우

一 二 亍 亍 礻 礻 礻 礻 祐 祐

嘉祐(가우) : 하늘이 내려주는 행운.

祐 祐 祐

부수	示(보일시)
획수	총10획

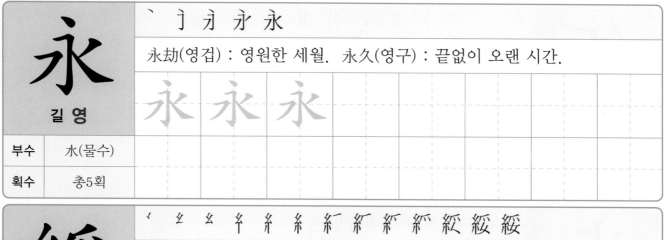

永綏吉卲

길 영 편안할 수 길할 길 높을 소

오래도록 편안하고 길함이 높을 것이다.

永
길 영

` 亅 疒 永 永

永劫(영겁) : 영원한 세월. 永久(영구) : 끝없이 오랜 시간.

永 永 永

부수	水(물수)
획수	총5획

綏
편안할 수

` 丝 纟 纟 纟 糸 糸 紵 紵 紵 絟 綏 綏

綏安(수안) : 다스리어 편안하게 함. 綏懷(수회) : 평안하게 하여 따르게 함.

綏 綏 綏

부수	糸(실사)
획수	총13획

吉
길할 길

一 十 士 吉 吉 吉

吉凶(길흉) : 좋은 일과 언짢은 일.

吉 吉 吉

부수	口(입구)
획수	총6획

卲
높을 소

ㄱ 刀 卪 卲 卲 卲 卲

卲(소) : 높다, 뛰어나다 뜻이 있음.

卲 卲 卲

부수	卩(병부절)
획수	총7획

122

矩步引領

법 구　걸음 보　끌 인　옷깃 령

걸음을 바르게 걷고 옷차림을 단정히 한다.

矩

법 구

丿 丿 乍 乍 乍 矢 矢 矩 矩 矩

矩步(구보) : 올바른 걸음걸이.　矩券(구권) : 어음.

矩 矩 矩

부수	矢(화살시)
획수	총10획

步

걸음 보

丨 丨 丄 止 止 歩 步

行步(행보) : 어떤 목적지까지 걸어서 가거나 다녀옴.

步 步 步

부수	止(그칠지)
획수	총7획

引

끌 인

フ 弓 弓 引

牽引(견인) : 끌어당김.　吸引力(흡인력) : 빨아서 이끄는 힘.

引 引 引

부수	弓(활궁)
획수	총4획

領

옷깃 령

丿 人 △ 令 令 令 令 匐 領 領 領 領 領

大統領(대통령) : 나라를 대표하는 국가의 원수.

領 領 領

부수	頁(머리혈)
획수	총14획

俯 仰 廊 廟

굽을 부   우러를 앙   행랑 랑(낭)   사당 묘

항상 사당에 있는 것으로 생각하고 머리를 숙여 예의를 지킨다.

俯 굽을 부	ノ 亻 亻 亻 广 疒 疒 佒 佒 俯 俯
	俯伏(부복) : 고개를 숙이고 엎드림.
부수 亻(사람인변)	俯 俯 俯
획수 총10획	

仰 우러를 앙	ノ 亻 亻 仁 仰 仰
	敬仰(경앙) : 존경하여 우러러 봄. 信仰(신앙) : 믿고 받드는 일.
부수 亻(사람인변)	仰 仰 仰
획수 총6획	

廊 행랑 랑(낭)	` 一 广 广 疒 疒 疒 庐 庐 庐 庐 廊 廊
	舍廊(사랑) : 집의 안채와 떨어져 있으며 바깥주인이 머물며 손님을 접대하는 곳.
부수 广(엄호)	廊 廊 廊
획수 총13획	

廟 사당 묘	` 一 广 广 庐 庐 庐 庐 盾 盾 庫 庿 庿 廟 廟
	宗廟(종묘) : 조선 시대에 역대 임금과 왕비의 위패를 모시던 왕실의 사당.
부수 广(엄호)	廟 廟 廟
획수 총15획	

123

束 帶 矜 莊

묶을 속　　띠 대　　자랑할 긍　씩씩할 장

의복에 주의하여 단정하게 함으로써 긍지를 갖는다.

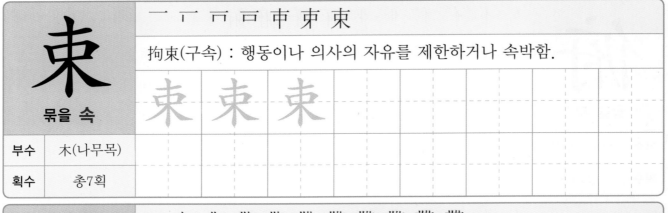

束	一 厂 冂 币 市 束 束
	拘束(구속) : 행동이나 의사의 자유를 제한하거나 속박함.
묶을 속	束　束　束
부수　木(나무목)	
획수　총7획	

帶	一 十 卅 卅 卅 卅 带 带 带 带 帶
	携帶(휴대) : 물건을 손에 들거나 몸에 지니고 다님.
띠 대	帶　帶　帶
부수　巾(수건건)	
획수　총11획	

矜	フ マ マ 予 矛 矛 矜 矜 矜
	矜持(긍지) : 자신의 능력을 믿음으로써 가지는 당당함.
자랑할 긍	矜　矜　矜
부수　矛(창모)	
획수　총9획	

莊	一 十 十 卅 廾 艼 壯 莊 莊 莊 莊
	莊嚴(장엄) : 규모가 크고 엄숙함.　山莊(산장) : 산 속에 있는 별장.
씩씩할 장	莊　莊　莊
부수　艹(초두머리)	
획수　총11획	

徘徊瞻眺

배회 배   배회 회   쳐다볼 첨   바라볼 조

같은 장소를 배회하며 두루 살펴보는 것도 예의에 맞게 한다.

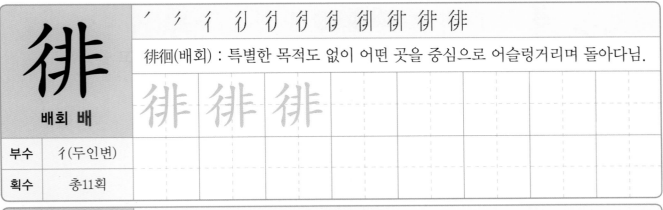

徘	ノ �ノ 彳 彳 彳 彳 彳 徘 徘 徘 徘
배회 배	徘徊(배회) : 특별한 목적도 없이 어떤 곳을 중심으로 어슬렁거리며 돌아다님.

부수	彳(두인변)
획수	총11획

徊	ノ ⺈ 彳 彳 彳 佪 佪 佪 佪
배회 회	低徊(저회) : 머리를 숙이고 사색에 잠기면서 왔다 갔다 함.

부수	彳(두인변)
획수	총9획

瞻	｜ ｜ ｜ ｜ ｜ ｜ 旷 旷 旷 旷 旷 睦 瞻 瞻 瞻 瞻
쳐다볼 첨	瞻星臺(첨성대) : 동양에서 가장 오래된 천문을 관측하던 대.

부수	目(눈목)
획수	총18획

眺	｜ ｜ ｜ ｜ ｜ 町 眺 眺 眺 眺 眺
바라볼 조	眺望(조망) : 바라다 보이는 경치.

부수	目(눈목)
획수	총11획

124

孤陋寡聞

외로울 고 더러울 루 적을 과 들을 문

배운 것은 고루하고 들은 것이 적다.

孤 외로울 고 부수 子(아들자) 획수 총8획	⁷ 了 孑 孑 孑 孤 孤 孤 孤獨(고독) : 세상에 홀로 떨어져 있는 듯이 매우 외롭고 쓸쓸함. 孤 孤 孤
陋 더러울 루 부수 阝(좌부변) 획수 총9획	⁷ ⁷ 阝 阝 阼 阽 陌 陋 陋 固陋(고루) : 완고하고 식견이 없음. 陋 陋 陋
寡 적을 과 부수 宀(갓머리) 획수 총14획	⸍ ⸌ 宀 宀 宀 宀 宇 宵 宵 宣 宣 宣 寡 寡 寡婦(과부) : 남편이 죽어서 혼자 사는 여자. 寡 寡 寡
聞 들을 문 부수 耳(귀이) 획수 총14획	⎮ ⎾ ⎾ 阝 阝 阝 門 門 門 門 閅 閅 聞 聞 捜所聞(수소문) : 세상에 떠도는 소문을 더듬어 찾는 일. 聞 聞 聞

愚蒙等誚

어리석을 우 어리석을 몽 무리 등 꾸짖을 초

우매하고 어리석어 다른 사람에게 꾸지람을 듣는다.

愚

어리석을 우

丨 冂 冂 曱 旦 甼 禺 禺 禺 禺 愚 愚 愚

愚弄(우롱) : 사람을 바보로 만들어 놀림.

愚 愚 愚

부수	心(마음심)
획수	총13획

蒙

어리석을 몽

一 十 卄 艹 艹 芦 芦 芦 芦 夢 夢 蒙 蒙 蒙

蒙昧(몽매) : 어리석고 어두움.

蒙 蒙 蒙

부수	艹(초두머리)
획수	총14획

等

무리 등

丿 𠂉 𠂉 𠂆 𥫡 𥫡 𥫡 𥫝 筜 笁 等 等

等閑(등한) : 대수롭지 않게 여기거나 관심이 없고 소홀함.

等 等 等

부수	竹(대죽)
획수	총12획

誚

꾸짖을 초

丶 亠 亖 亖 言 言 言 訐 訵 訵 訵 誚 誚 誚

誚責(초책) : 꾸짖어 나무람.

誚 誚 誚

부수	言(말씀언)
획수	총14획

어조는 한문의 조사를 말한다.

謂
이를 위

一 二 三 言 言 言 言 訂 訂 謂 謂 謂 謂 謂 謂

所謂(소위) : 세상에서 흔히 말하는 바.

謂 謂 謂

부수	言(말씀언)
획수	총16획

語
말씀 어

一 二 三 言 言 言 言 訂 訂 語 語 語 語

言語(언어) : 사람이 생각이나 느낌을 소리나 글자로 나타내는 수단.

語 語 語

부수	言(말씀언)
획수	총14획

助
도울 조

丨 冂 冃 且 且 助 助

協助(협조) : 힘을 보태어 서로 도움.　救助(구조) : 구원하고 도와줌.

助 助 助

부수	力(힘력)
획수	총7획

者
놈 자

一 十 土 耂 耂 者 者 者

消費者(소비자) : 물자를 소비하는 사람.

者 者 者

부수	耂(늙을로엄)
획수	총9획

焉哉乎也

어조사 언 어조사 재 어조사 호 어조사 야

'언, 재, 호, 야' 이 네 글자는 어조사로 쓰인다.

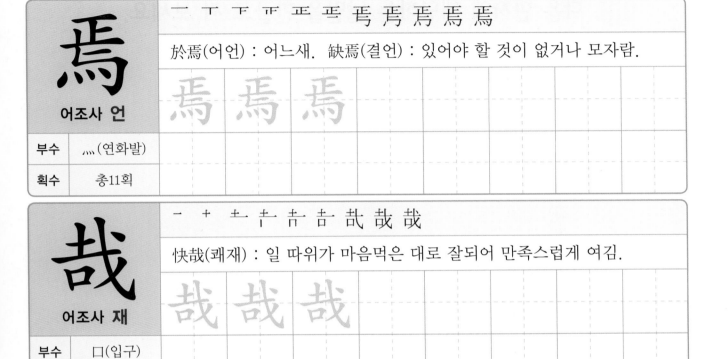

焉	一 𠄌 下 下 正 正 严 严 焉 焉 焉
어조사 언	於焉(어언) : 어느새. 缺焉(결언) : 있어야 할 것이 없거나 모자람.
부수 灬(연화발)	
획수 총11획	

哉	一 十 土 𡗗 吉 哉 哉 哉 哉
어조사 재	快哉(쾌재) : 일 따위가 마음먹은 대로 잘되어 만족스럽게 여김.
부수 口(입구)	
획수 총9획	

乎	一 𠂉 乊 亚 乎
어조사 호	斷乎(단호) : 결심이나 태도, 입장 따위가 과단성 있고 엄격함.
부수 丿(삐침별)	
획수 총5획	

也	𠃍 𠀀 也
어조사 야	或也(혹야) : 만일에, 행여나. 必也(필야) : 필연.
부수 乙(새을)	
획수 총3획	

1 다음 한자에 해당하는 낱말을 한글로 써 보세요.

1) 대도시는 人口가 꾸준히 증가하고 있습니다.

☐☐

2) 바닷가에 앉아 夕陽을 바라보았어요.

☐☐

3) 축구 경기에서 우리 팀이 勝利를 거두었다.

☐☐

4) 온 가족이 모여 앉아 談笑를 즐겼다.

☐☐

5) 아파트는 暖房 시설이 잘 되어 있습니다.

☐☐

6) 吉凶은 좋은 일과 나쁜 일을 말해요.

☐☐

7) 나는 커서 大統領이 될 거예요!

☐☐☐

정답 -

1) 인구 2) 석양 3) 승리 4) 담소 5) 난방 6) 길흉 7) 대통령

2 아래 훈(訓:뜻)과 음(音:소리)에 해당하는 한자를 선으로 연결해 보세요.

1) 말씀 어 •

2) 걸음 보 •

3) 웃을 소 •

4) 생각할 상 •

5) 갖출 구 •

• 步

• 語

• 具

• 想

• 笑

3 밑줄 친 낱말의 한자를 보기에서 찾아 번호를 쓰세요.

보기 ▶ ①宗廟 ②協助 ③名筆 ④睡眠 ⑤每日

1) 주민들이 협조해야 좋은 동네를 만들 수 있습니다. ☐

2) 종묘에는 조선 시대 임금과 왕비의 위패가 있어요. ☐

3) 일기는 매일 써야 해요. ☐

4) 한석봉은 유명한 명필가입니다. ☐

5) 수면 부족으로 수업 시간에 집중할 수가 없었다. ☐

정답 --

3 1) ② 2) ① 3) ⑤ 4) ③ 5) ④

2 1) 말씀 어 : 語 2) 걸음 보 : 步 3) 웃을 소 : 笑 4) 생각할 상 : 想 5) 갖출 구 : 具

1,000자 한자 찾아보기

지은이 키즈키즈 교육연구소

기획과 편집, 창작 활동을 전문으로 하는 유아동 교육연구소입니다.
어린이들이 건강한 생각을 키우고 올곧은 인성을 세우는 데 도움이 되는
교육 콘텐츠를 개발하고 있습니다. 즐기면서 배울 수 있는 프로그램 개발에도
힘쓰고 있으며, 단행본과 학습지 등 다양한 분야에서 활동하고 있습니다.

하루 10분 천자문 따라쓰기

중쇄 인쇄 | 2025년 1월 24일
중쇄 발행 | 2025년 1월 31일

지은이 | 키즈키즈 교육연구소
펴낸이 | 박수길
펴낸곳 | (주)도서출판 미래지식
기획 편집 | 이솔 · 김아롬
디자인 | design Ko

주소 | 경기도 고양시 덕양구 통일로 140 삼송테크노밸리 A동 3층 333호
전화 | 02)389-0152
팩스 | 02)389-0156
홈페이지 | www.miraejisig.co.kr
이메일 | miraejisig@naver.com
등록번호 | 제2018-000205호

ISBN 979-11-90107-40-2 64700
ISBN 979-11-90107-41-9 (세트)

＊미래주니어는 미래지식의 어린이책 브랜드입니다.